公共图书馆的转型与社会责任研究

尚海永　著

延边大学出版社

图书在版编目(CIP)数据

公共图书馆的转型与社会责任研究 / 尚海永著. —
延吉：延边大学出版社，2017.11

ISBN 978-7-5688-3848-1

Ⅰ. ①公… Ⅱ. ①尚… Ⅲ. ①公共图书馆-研究
Ⅳ. ①G258.2

中国版本图书馆 CIP 数据核字(2017) 第 271660 号

公共图书馆的转型与社会责任研究

著　　者	尚海永　著	
责任编辑	李　宁	
装帧设计	中图时代	
出版发行	延边大学出版社	
地　　址	吉林省延吉市公园路 977 号, 133002	
网　　址	http://www.ydcbs.com	
电子邮箱	ydcbs@ ydcbs.com	
电　　话	0433-2732435　0433-2732434(传真)	
印　　刷	廊坊市海涛印刷有限公司	
开　　本	710 mm×1000 mm　1/16	
印　　张	10.75	
字　　数	160 千字	
版　　次	2017 年 11 月第 1 版	
印　　次	2022 年 8 月第 2 次	
书　　号	ISBN 978-7-5688-3848-1	

定　　价　45.00 元

目　录

绪　论

第一节　公共图书馆转型的意义

改革开放以来,我国就一直处于从计划经济向市场经济、传统社会向现代社会、农业社会向工业社会和信息社会的转型过程之中。30多年来,改革开放所引发的是综合的、全方位的、总体性的、深刻的社会转型,涉及经济、政治、技术、文化、生态等诸多方面。文化转型是一个社会成功转型的标志,有什么样的社会形态,就有什么样的文化形态与之相适应,同样某种形态的文化只能存在于相应的某种形态的社会。但是,文化转型与社会转型不一定是完全同步的,或者文化转型先行社会转型滞后,或者社会转型先行而文化转型滞后,或者二者大体保持同步,上述三种情况都是存在的。文化转型一方面受到经济层面、政治层面、技术层面和生态层面转型的制约和影响,另一方面又影响和制约着上述各个方面的转型。相较于社会转型,文化转型更为复杂和持久。在社会转型期,我们应该采取更加积极主动的措施,推动文化转型,建设与新的社会形态相适应的文化形态,发挥文化的能动作用,进而推动社会转型的彻底完成。

公共图书馆转型问题就是在上述背景下出现的课题。公共图书馆作为保存文化、传承文明的知识服务机构,是社会公共文化服务体系的重要组成部分。社会转型期文化所应承担的历史责任,也是公共图书馆所应承担的历史责任。社会转型期文化应承担什么样的历史责任呢?"社会转型乃是代表着历史发展趋势的实践主体自觉推进社会变革的历史创造性活动。当社会生产力提出质向发展的新要求时,历史的实践主体按照确认的'发展逻辑',对原型社会的结构、体制进行全面、系统地自觉转变,以求实现社会演化的创新。"社会转型涉及所有人,有些人是主动参与和促进社会转型,有些人则是被动被拖入社会转型过程中,社会转型本质是人的转型,而人转型的本质就是文化的转型。一方面,社会转型需要有相应的文化进行引领,以便为社会转型开道;另一方面,转型时期的社会,由于原有的文化系统遭到解构,而新的文化系统尚未完全建立,人们很容易限于价值观冲突的境地,心灵无所归依,影响社会转型的顺利进行,因此,主动建构适应社会转型与转型之后的文化系统,相当重要。简言之,文化既可以是社会转型的孵化器、先导者、推进者,也可以是社会转型的阻碍者与反对者。公共图书馆应该认识到自己所处的时代环境,努力使自己成为社会转型的积极参与者与推动者,在社会转型中做出积极的贡献。而要做到这一点,公共图书馆本身也需要转型,这样才能与时俱进。

从公共图书馆事业发展的角度来看,改革开放近 40 年来,我国公共图书馆事业取得了相当大的发展。不少公共图书馆在馆舍面积、设备设施、馆藏规模、经费条件、人员数量、服务效能等诸多方面都有了跳跃式的进步和增长,这足以说明我国公共图书馆事业所取得的成就。但是,我们也应该看到,这种发展主要是一种基于外延的、数量方面的增长,而非基于内涵的、质量方面的发展。从而,公共图书馆法律制度与核心价值缺位等瓶颈问题还待进一步解决,顶层设计还待进一步加强,科学理念体系还待进一步构建,专业化人才队伍还待进一步打造,功能拓展还待进一步突破,总体服务效能还待进一步提高。同时,信息技术与社会的发展,使得用户获取信息和知识的途径和手段日趋多元,用户的要求越来越高,公共图书馆作为公众知识中心的地位受到越来越大的挑战。这种情况下,公共图书馆必须进行转型,才能适应时代的要求,进而引领时代的发展。

因此,公共图书馆转型是为适应和引领转型的需要而自觉地在理念体系、图书馆制度、功能拓展、馆员队伍与文化等方面开展的创新与变革,其目的是要提高公共图书馆的运营效益,促进社会的发展。公共图书馆转型既是社会转型对其的必然要求,也是公共图书馆在社会转型时期发挥自身作用的内在需求。从历史上看,适应不同的社会历史发展阶段,公共图书馆已经完成了两次大的转型,并正在进行着又一次新的转型。两次转型中一次是农业时代图书馆的出现,另一次是工业时代图书馆的出现,而正在进行着的转型是信息时代图书馆的形成过程。公共图书馆的转型是一项系统工程,涉及公共图书馆的办馆理念、相关制度、功能、馆员以及文化等诸多方面,概括而言,图书馆转型包括业务层面、价值层面两个部分。历史上的图书馆转型均涉及这两个方面,只不过侧重点及转型深度有所不同。就我国的图书馆转型实践来看,有研究者指出:"回顾我国图书馆演变历程,转型的内涵主要集中于业务层面;其'价值体系和制度安排'只不过是被'抽离'出来的口号而已。"因此,目前公共图书馆的转型除了继续推动业务层面的变革与创新之外,还需要进一步加强价值层面的变革与创新,以实现公共图书馆自身在社会转型过程中的引领、涵养和推动作用。

第二节　公共图书馆转型的研究现状

如前所述,目前图书馆正处于从工业时代图书馆向信息时代图书馆转型的过程中。这个过程与人类社会由工业社会向信息社会转型的过程基本一致,而人们对于图书馆转型的研究也大致与这个过程一致。1946 年第一台电子计算机问世之后,经过近半个世纪的发展,互联网逐渐深入到日常生活的各个领域,特别是经过 20 世纪 90 年代和 21 世纪最初十年的发展,互联网已经逐渐成为工业社会向信息社会转型的标志。与此相应,20 世纪 90 年代初,人们开始关注图书馆的转型问题,20 年来,人们对于图书馆转型问题的关注逐步加强,最近几年更是成为一个热点问题,发文量达到了高峰。e 线图情(http://ww. chinalibs. net)中收录的关于图书馆转型的文献,2002—2011 年的十年间的文献量为 35 篇,而 2011—2014 年四年之间的文献量为 15 篇,二者比例为 7∶3。中国知网上标题检索含有"图书馆转型"的文献,1999—2010 年之间的文献量为 83 篇,而 2011—2014 年 3 月之间的文献量为 64 篇,二者比例约为 9∶7。国内情况如此,国外情况也是如此。《美国图书馆杂志》(American Libraries Magazine)中收录的关于图书馆转型(transformation)的文献,1998—2010 年之间的文献量为 152 篇,而 2011—2014 年 3 月之间的文献量为 212 篇,二者比例约为 3∶4。从上述数据可见,2010 年之后,图书馆转型问题已经成为业内关注的一个十分重要的问题。

关于公共图书馆转型的研究,学者们主要是从两个方向展开的。第一个方向是公共图书馆定位与职能的转型,第二个方向是公共图书馆的业务转型。我们先看第一个方面的研究情况。公共图书馆转型不单是中国的问题,还是一个世界的问题。美国图书馆协会在 2011 年 4 月 22—24 日召开的理事会秋季会议,主题就是"数字革命与图书馆转型"(The Digital Revolutionand the Transformation of Libraries),会议讨论美国图书馆协会 2015 战略计划和转型中的图书馆,会议决定创办一个"转型中的图书馆门户"(Transforming Libraries portal,http://www.ala.org/transforming libraries)。美国图书馆转型的背景主要是用户需求的变化、人口的变化以及技术因素的推动,这些变化使得美国公共图书馆与社区的关系、用户期望与用户服务、馆藏、物理空间、馆员与图书馆领导力方面产生变化与转型 2002 年 4 月,吴建中在《中国图书馆学报》上发表文章《中国图书馆发展中的十个热点问题》,提出图书馆的范型转变问题。2002 年 5 月,《图书馆》2002 年第 3 期开始推出"新世纪新视点三人谈"系列文章,该系列第一组文章的总题目是"追寻 20 世纪的图书馆精神",刊登范并思的《延绵不绝的图书馆学理论精神》、邱五芳的《挥之不去的图书馆学的技术情结》与韩继章的《学科精神和行业精神——图书馆精神的双翼》三篇文章,探讨 20 世纪图书馆学精神的理论精神和技术情结,中国图书馆精神的重要特质及其在学术领域和行业方面的体现。文章从价值层面、制度层面对图书馆的发展分别进行讨论。吴建中以及范并思、邱五芳和韩继章的文章这可以看作是新世纪以来探讨公共图书馆转型的最早尝试之一。2002 年 5 月,黄俊贵和林汉城在《中国图书馆学报》发表文章《公共图书馆转型与定位的探索》指出,"图书馆是社会公益性质的文化教育机构"。这是最近十多年明确提出公共图书馆转型的文献。2005 年 1 月,《图书馆》编辑部与南山图书馆、湖南大学信息研究所共同发文倡导"21 世纪新图书馆运动"。文中虽然没有明确提出"转型"二字,但文章指出,由于种种原因,我国图书馆"服务偏离公正和平等的轨道,违背了国际图书馆界关于图书馆免费服务、平等服务的共识和关心弱者、贴近平民的人文关怀主旨"。因此,"21 世纪新图书馆运动"的目的就是以弘扬现代公共图书馆精神,协调图书馆与社会的关系,以人为本,建立和谐社会,走近平民,关心弱者,平等服务,缩小数字鸿沟,建立一个信息公平和保障的制度,"转型"之思想可以说跃然纸上。此后,程焕文、范并思、蒋永福、李国新、陈传夫等人围绕图书馆精神、制度图书馆、图书馆立法与知识产权等主题,从多个方面和角度对图书馆转型问题进行深入研究,取得了不小的成果。

关于公共图书馆业务转型方面的研究也有深入的开展。因为受到数字技术和互联网技术的影响,图书馆的业务领域首当其冲感受到技术带来的挑战和变化。在业务转型研究的文章中其中论及最多的是就是传统图书馆向数字图书馆的转型,影响特别大的就是图书馆消亡论,认为技术的发展会使传统图书馆消亡,其典型代表就是美国的兰开斯特。这是从总体的、综合的角度研究技术发展对图书馆带来的影响。从具体的业务领域而言,技术的发展对图书馆的传统核心业务也影响颇大,传统图书馆以纸本书为核心的业务加工流程受到了很大的影响,由于手段和工具以及对象的变化,图书馆的业务流程也正在发生着变化。由此,图书馆的服务方式也发生了深刻的变化。业务转型的动因是技术驱动下读者获取信息方式的变化,这种变化对图书馆的发展产生了深刻的影响。1995 年 12 月 8 日,美国国会图书馆、美国网络信息联盟、美国图书馆资源委员会(1997 年与美国保护与存取委员会合并为美国图书馆与信息资源委员会)、美国公共图书馆协会(美国图书馆协会的分会)、美国城市图书馆协会、美国图书馆未来组织、哈佛大学肯尼迪政府学院在美国国会图书馆共同举办一次公共图书馆转型研讨会,讨论网络世界数字信息的存取与信息时代的公共图书馆,会议邀请通讯、经济、信息与图书馆学、公共政策、出版和技术领域的专家共同探讨技术发展、竞争环境对公共图书馆的影响。自从 20 世纪 90 年代起,国内外关于信息技术对图书馆影响的研究和讨论就一直没有停止过。颜务林认为,20 世纪 80 年代图书馆的核心技术是分类编目,90 年代中期图书馆的核心技术是检索技术,而新一代核心技术是交流。索传军则认为,数字技术的发展,使得图书馆的知识服务单元从图书等颗粒度大的单元深入到篇章段落等颗粒度小的知识单元,这对图书馆业务转型影响很深刻。张晓林认为,数字学术出版技术、科学数据与语义化出版等破坏性技术,将会对图书馆的模式产生颠覆性影响,图书馆应该采取破坏与颠覆"的态度、观念,预测可能的战略发展方向。

由于中国图书馆事业和美国图书馆事业所处阶段不同,对于公共图书馆转型关注的侧重点有所不同。美国公共图书馆事业发展相对成熟,公共图书馆体系建设相对比较完善。因此,美国公共图书馆转型更多关注的由于数字技术和信息技术的发展对图书馆所带来的影响,在图书馆生存环境发生重大变化,比如,由于城市化的影响,农村人口向城市迁移造成农村社区人口减少、由于 ebook 的应用对于图书馆业务方面的影响等。而中国提出公共图书馆转型这个概念,是在中国公共图书馆事业总体不甚发达,但又有一部分地区的公共图书馆事业相当发达的基础上提出的,一方面要适应中国社会发展的需求,进一步完善公共图书馆服务体系的建设,彻底去除先前的官本位意识,使公共图书馆真正发挥在保障群众文化权利的作用;另一方面要正视技术变化对图书馆业务层面的冲击,实现在业务领域的转型,中国公共图书馆与美国公共图书馆转型相同之处也正在这里。

十余年的公共图书馆转型研究取得了不少成果,但是把公共图书馆转型作为一个课题进行系统的研究还很少。从研究方法上来看,将历史视域、现实视域、文化视域和实践案例结合起来进行多维视野下的比较研究尚有待开拓,对于转型的内部机制尚有待进一步厘清,对于中国公共图书馆转型的路径选择尚待进一步论证等。在实践层面上,关于公共图书馆的转型问题,无论是在公共图书馆的定位与职能拓展以及业务层面,图书馆界已经进行诸多的探索。首都图书馆、上海图书馆、重庆图书馆、深州图书馆、杭州图书馆、东莞图书馆、佛山图书馆与浦东图书馆等许多图书馆都做了相当多的尝试,也取得了很好的效果,积累了很多经验,这些经验也有待进一步总结完善。这就是本课题的意义所在。

第三节　公共图书馆转型路径

量变和质变是事物运动发展的两种状态。一般情况下,量的增减所对应的就是外延发展方式,而质的变化对应的就是内涵发展方式。改革开放前一直到 20 世纪末,由于我国公共图书馆事业长期投入不足,形成硬件不硬、软件更软的基础严重薄弱的局面,公共图书馆事业发展缺乏必要的物质基础。为解决这一问题,最近十余年各级政府加强对公共图书馆的财政投入,用以解决公共图书馆在馆舍、设备、馆藏、经费等诸多方面的欠账,为公共图书馆事业的发展奠定必要的物质基础。正是在这种背景下,十余年来公共图书馆的发展主要体现在规模的扩张与量的增长之上,正是通过这种扩张与增长,使得公共图书馆的办馆条件有了质的飞跃,为我国公共图书馆事业的进一步发展奠定了坚实的物质基础。这一阶段的发展十分必要,我们不能否定这一阶段对于积极发展图书馆事业的推动作用。

但现在,是我们应该回过头来反思和调整公共图书馆发展战略的时候,量的扩张到达一定规模、一定阶段的时候,必然需要充实内涵,进行质的升级。这是事物发展的普遍规律,只有这样事物才能不断以螺旋式的方式上升发展。经过十余年的外延发展,为公共图书馆的内涵发展奠定很好的基础和条件,而且内涵发展本来也是公共图书馆现阶段发展的必然选择。因此,在现阶段,公共图书馆转型主要指的是从以外延发展为主转变到以内涵发展为主的发展方略上来。这就是公共图书馆转型的路径。以内涵发展为主的发展方略要求我们充分发挥价值引领作用,通过价值引领来促进公共图书馆业务层面的转型,通过业务层面的转型来实现公共图书馆的社会价值。内涵发展就是根据当前社会转型发展的背景,从理念、制度、功能、队伍、文化五个方面探索公共图书馆转型实践的一种发展方式。其中,理念是先导,制度、功能、队伍是手段,其最终目的是构建内涵发展的文化,实现图书馆的文化引领。

(一)构建理念体系,确立存在根据

"公共图书馆是什么"是一个本体论问题,"公共图书馆为什么"是一个价值观问题,这两个问题反映出公共图书馆的存在根据和价值取向。任何一个公共图书馆都不能逃脱这两个问题的追问,只有彻底明确这两个问题,公共图书馆才能够行稳致远,才能找到自己的位置,做出自己应有的积极贡献。对这两个问题的回答,其实就是一个对办馆理念进行梳理总结的过程。只有办馆理念明晰了,图书馆的办馆实践才有章可依,不被纷繁复杂的现实表象所困扰,不致迷失方向,如此,才能够越挫越勇,不断向前。

从哲学观来讲,人们对根本问题的思考,一般都遵循"是什么""为什么"和"怎么是"的三层逐步递进的逻辑展开,这三层逻辑分别对应的是本体论、价值论与方法论。公共图书馆理念体系的构建也应遵循上述逻辑展开。对应于本体论层面的理念属于战略层面的理念,包括公共图书馆使命与公共图书馆愿景,这主要解决的是公共图书馆"是什么"的问题。对应于价值论层面的理念属于价值层面的理念,包括公共图书馆核心价值观、公共图书馆精神、公共图书馆伦理(职业道德)与公共图书馆作风,这主要解决的是公共图书馆"为什么"的问题。对应于方法论层面的理念属于执行层面的理念,包括公共图书馆运营理念和公共图书馆管理理念。通过理念体系的构建,可以切实解决公共图书馆之所以存在的本体论与价值论依据,并且为公共图书馆的运营与转型提供执行依据。

理念体系的构建属于顶层设计,需要有开阔的事业和丰富的实践作为基础。理念体系的构建来源于实践又高于实践,缺乏实践支撑闭门造车自然是行不通的,但只有经验的堆砌而没有理论的指导同样是行不通的。

(二)构建制度体系,确立运营依据

多数人认为,公共图书馆是一种制度安排。这种制度安排的基本目的在于保障公民基本文化权利、保障社会信息公平。因此,为保障公共图书馆的顺利运行,需要一系列配套的制度作为基础和条件。图书馆制度体系可以从三个层面上来看,第一个层面是政府层面的制度体系建设,第二个层面就是图书馆行业协会层面的制度体系建设,第三个层面就是图书馆层面的制度体系建设,这三个层面的制度要实现有效对接。制度体系的构建和完善,对于保证图书馆正常的运营具有十分重要的作用和意义。三个层面制度体系的建设,有利于在宏观、中观和微观层面上为公共图书馆的发展创造一个稳定可持续的发展环境。

我们这里谈的图书馆制度,是一种广义上的理解,包括图书馆方面的法律、政策、制度、规范和准则。国家层面的公共图书馆制度有《公共图书馆建筑设计规范》《公共图书馆建设用地指标》《公共图书馆服务规范》文化部制定的省级、市级、县级公共图书馆评估标准和定级必备条件,地方政府层面的公共图书馆制度有各地颁发的图书馆条例,应该说最近十余年我国图书馆立法工作发展还是比较快的,但是由于种种原因,公共图书馆法还没有最后完成立法,这种状况不适应我国公共图书馆事业的发展要求。行业协会方面,中国图书馆学会发布的《中国图书馆员职业道德准则(试行)》以及其他有关文件。图书馆层面,大多数图书馆都有相关的馆内各项制度。可以说,图书馆制度体系建设,在我国已经具备了一定基础,但仍然存在着相当的完善空间。关于公共图书馆法定经费来源及其数额、公共图书馆馆长任职资格、公共图书馆人员编制等关键问题,缺乏明确的法律规定,这就制约了公共图书馆的健康可持续发展。

面对这种行业法律法规缺失的情况,我们不能坐等,而是要积极行动起来。首先,充分利用好现有的制度条件,努力开展图书馆的转型工作;其次,要积极推进公共图书馆法的立法进程;第三,要加强公共图书馆内部的制度体系建设,为公共图书馆的转型发展营造良好的微观环境,使公共图书馆的运用具有制度依据。在构建"现代图书馆制度"的实践中,应该着力解决好四个方面的关系:政府与公共图书馆的关系、公共图书馆之间的关系、公共图书馆与读者和社会的关系、公共图书馆内部的关系。强化图书馆治理结构,使公共图书馆的决策机制由传统的政府主管部门决策向由专门成立的理事会或委员会决策转变,真正实现行业自治与自律管理。

(三)拓展功能内涵,创造新的价值

最近几年,关于图书馆的功能拓展,出现诸如信息中心、学习中心、交流中心、共享空间、文化空间、学习空间等许多新的概念和实践。这些不同的概念与实践反映出图书馆这一文化服务机构的多种属性,这些属性体现出图书馆不同发展阶段不同的侧重点。我们从中可以看出,上述概念有一个共同的特点,都体现出图书馆作为场所的价值。图书馆作为一个文化传承机构,绝非只是一个资料、书籍和数字资源的简单堆砌的地方,作为一个场所,它具有独特的文化内涵和氛围,是其他空间所不能比拟和取代的。特别是图书馆的资源经过图书馆人的精心组织,产生了新的价值,这是吸引读者的重要因素之一。图书馆作为公共文化服务空间,可以开展讲座、沙龙、展览等诸多形式的文化活动,通过这些文化活动,可以大大提升图书馆作为场所的价值,丰富图书馆的文化内涵。要充分发挥公共图书馆的场所价值,用人文精神来提升大众文化品质,引领大众文化走向,最终帮助大众实现"文化自觉"。

在新的历史背景下,图书馆要开门办馆,走向社会,不断拓展和丰富自己的功能。美国图书馆协会执行理事基思·迈克尔·菲尔兹认为:"今天的图书馆应该主动融入社区,图书馆员应该走出图书馆进入社区,与当选官员和社区成员一起工作支持社区的希望、日常事务和目标。图书馆怎样帮助社区减少犯罪、增加高中学生毕业率、帮助人们找工作?逐渐地,图书馆作为召集人,带领社区成员一起清楚地说出他们的愿望、带领他们进行创新以便使图书馆在社会发展与社区变化中成为积极的伙伴和驱动力量。

(四)加强队伍建设,确保永续发展

在一切事业发展的过程中,人是最为关键的因素。因此,加强馆员队伍建设是确保公共图书馆可持续发展的关键所在,也是公共图书馆内涵发展的题中应有之意。加强馆员队伍建设既是图书馆事业发展的需要,也是馆员自身发展的需要。加强馆员队伍建设,首先,需要强化馆员队伍的职业意识,使大家从内心深处真正认识到公共图书馆的社会价值及其使命,能够自觉地做好图书馆的工作。其次,需要不断提升馆员的专业素养。公共图书馆的馆员队伍学科背景各异,其中既有图书馆学情报学背景,又有人文社会科学、理工科背景,为做好公共图书馆的工作,必须要努力提升馆员的专业素养,为此,需要制订系统的、持续的专业培训计划,并与馆员职业生涯发展结合起来,根据馆员职业不同发展阶段的需求提供有针对性的教育与培训。最后,还需要不断提高馆员的综合素质和水平。公共图书馆作为一个文化服务机构,它的服务对象分布在社会各行各业,服务方式多种多样,向用户和读者提供的文化产品和服务也呈现出多样化的发展趋势,这就要求图书馆的馆员具有较强的宣传推广才能,要求馆员具有比较丰富的知识面,要求馆员具有良好的心理素质,要求馆员具有较好的演讲才能……只有拥有一支综合素质水平高的馆员队伍,才能适应公共图书馆转型发展的需要。

(五)加强文化建设,实现以"文""化"人

文化发展已经成为 21 世纪的核心话题,未来世界的竞争也将是文化生产力的竞争,脱离人或文化背景的发展是一种没有灵魂的发展。1998 年,联合国教科文组织召开的文化政策促进发展"政府间会议提出了《文化政策促进发展行动计

划》,该《计划》指出,"发展可以最终以文化概念来定义,文化的繁荣是发展的最高目标""文化的创造性是人类进步的源泉。文化多样性是人类最宝贵的财富,对发展是至关重要的"。公共图书馆承担着保存文化、传承文明的历史责任,它提供让人成为特定社会人的文化土壤。人之所以成为人,就是因为受到一定文化的熏陶,并认同这种文化,在此基础上成为一个文化的存在。从本体论角度来说,图书馆是大众享受学习乐趣、接受文化感召、体验心灵和谐、接近生命智慧的"精神家园",是促使人们寻找和平与精神幸福之所,是极富影响力的城市公共文化空间。因而,文化理所当然地应该成为公共图书馆的立馆之基。公共图书馆应该着力进行愿景文化、制度文化、环境文化一直到行为文化的构建,通过愿景文化、制度文化与环境文化的设计与建设,滋养出行为的文化。以理念、机制凝聚馆员向心力;营造优秀的学术文化,以"文""化"人,提升馆员的人文素养;设计开发"基于读者、为了读者、在读者中、让读者充分参与"的课程式文化活动,增强读者的认同感和归属感;建设宜人的绿色、人文环境,以环境文化提升人文关怀。

第一章　公共图书馆转型的历史与发展

美国当代著名社会学家阿尔温·托夫勒,在《第三次浪潮》中从生产力发展的角度对人类社会进行考察研究,指出人类社会历史的发展可以三次"浪潮"为转折点进行划分:第一次浪潮,是大约在公元前8000年开始的农业革命,使人类从原始野蛮的渔猎时代进入农业社会和农业文明时代,这段时期大概延续了数千年之久;第二次浪潮,即17世纪末因蒸汽机发明引起的工业革命,带来的是工业社会和工业文明,至今约有300年的历史;而从20世纪50年代后期开始,随着电子技术的发展,第三次浪潮正汹涌而至,为人类社会带来急剧变化,人类由此迅速进入信息社会,产生一种新的文明。托夫勒提出的这一划分标准为学界带来新的研究视角。

从历史角度看,公共图书馆的转型与发展是由于其业务流程的发展变化而引起的。作为一般生产系统的特殊形式,图书馆这一特殊的生产系统也是由劳动力、劳动工具、劳动对象三个要素组成的,其业务流程的发展变化也是由这三个要素的发展变化引起的。在图书馆这一生产系统中,图书馆工作人员是劳动力,书架、书柜、计算机、复印机、电话、互联网等是劳动工具,馆藏资源属于劳动对象。图书馆自从产生之初,根据生产工具和劳动对象的变化,其业务流程曾经发生过三次显著的改变,由此引起了图书馆的具体形态发生过和正在发生着显著而深刻的变化。因此,可以将图书馆的发展过程划分为三个发展阶段:农业时代的图书馆、工业时代的图书馆和信息时代的图书馆,与这三个发展阶段相对应的是图书馆的三种发展形态。

农业时代的图书馆从时间上看,大致从图书馆出现之后一直到工业革命之前,图书馆的馆藏主体主要是各种手抄本、雕版印刷、传统活字印刷品等文献;图书馆的存储工具主要是传统的书架、书柜,馆员的劳动工具主要是人的头脑、双手、笔和账簿等;图书馆的业务流程主要围绕馆藏对象的搜集、整理、保存展开,因馆藏之获得不易,馆藏资源的利用在图书馆业务流程中并不突出;图书馆的读者对象仅限于有特殊社会地位或身份的人员,图书馆的办馆理念与形态亦与此相适应——重藏轻用。

工业时代的图书馆从时间上看,大致从工业革命起一直到互联网出现之前。由于出版技术和计算机技术的发展,图书、期刊、报纸的出版数量大为增长,而且出现了各种音响出版物和单机或者局域网内部使用的数据库,图书馆的馆藏种类和数量大为增加,但纸本的书报刊依然是图书馆的馆藏主体;图书馆的存储工具除了传统的书架、书柜之外,出现了密集书柜和光盘、硬盘等计算机存储设备,馆员的劳动工具除了人的头脑、双手、笔和账簿(卡片)之外,还有打字机、计算机和馆内的局域网等;图书馆的业务流程主要围绕馆藏对象的搜集、整理、保存和利用展开,馆藏资源的利用在图书馆业务流程中逐步显示出来;图书馆的读者范围有了很大的拓展,但受"重藏轻用"思想的影响,馆藏资源的利用仍然有诸多限制,图书馆的办馆理念与形态亦与此相应。

信息时代的图书馆是指互联网出现之后的图书馆。计算机技术和互联网技术的发展,一方面使得已经出版的纸本书报刊等资源不断数字化,另一方面互联网上的原创或者原生的资源品质越来越高,数量越来越多,这就使得图书馆的馆藏结构和主体发生了质的变化;图书馆的存储工具在除了工业时代的工具之外,还出现了网络存储、云存储等,馆员的劳动工具除了人的头脑、双手、笔和账簿(卡片)、计算机、馆内局域网之外,还出现了互联网;图书馆的业务流程正在从对传统资源的搜集、整理、保存和利用逐步转向对数字资源的搜集、整理、保存和利用,资源利用在图书馆业务流程中的地位空前突显,"重藏轻用"的理念开始转变;图书馆的社会文化功能、咨询功能进一步得到强化,而读者由于获取资源、信息和知识途径的拓宽,图书馆不再是读者获取资源、信息和知识的主要渠道,图书馆作为资源、信息和知识中心的地位呈现出弱化的迹象,这种情况下,图书馆的办馆理念和形态也在发生着深刻的变化。

第一章主要从历史的角度,对受社会发展影响而发生变化的图书馆业务流程进行梳理,由此总结和归纳出不同时代图书馆的转型与发展特点。

第一节　农业时代的公共图书馆

需求决定事物的发展。因为生存的需求,即使同样是鱼类,为了适应不同的生活环境,生活在洞穴中的鳗鲡和黄鳝,为能迅速自如地出入洞穴,身体变成圆筒形,栖居于水底的鳐身体发展为平扁状,而普通的鱼类则大多是两头尖中间凸的纺锤形身体。在人类开蒙启智的最初时期,对于社会各方面的发展,需求所带来的原动力尤为明显,为了保暖蔽体,人开始穿衣,为了交流沟通,语言文字被创造出来。图书馆的出现是因为人们对文献收集、保存、利用的需求,同样,图书馆的发展也是由用户需求所决定的。

在农业时代,图书馆经历了诞生、发展的阶段,数千年的时间中,图书馆事业呈现出丰富多样的变化。但就整体而言,因为社会生产力的限制,文化教育只是少数人的特权,社会上的大多数人并不识字或识字很少,和图书馆之类的机构基本绝缘。农业社会的书籍等文献物以稀为贵,图书馆的服务对象局限于特殊阶层,如皇室贵族,神职人员,以及其他具有一定社会地位的知识分子。基于此,这一时期,在图书馆的建设中,人们更重视文献的收集保存,即"藏",对文献的利用则无论是在深度上还是广度上都显得十分有限,没有面向社会大众广泛开放。

(一)农业文明的确立与图书馆的起源

图书馆作为人类文明的宝库,其起源与人类社会的发展息息相关。就人类历史的演进历程而言,人类先后经历过旧石器时代、新石器时代、农业时代、工业时代和信息时代。在目前可知的历史看来,农业产生于距今约 1 万年前的新石器时期,农业的出现极大地促进了社会生产力的发展,为人类社会带来了巨大变革。所谓"仓廪实而知礼节,衣食足而知荣辱"。人类文明的出现是在农业社会形成之后。公元前 4500 年左右,灌溉农业在西亚的两河流域(即幼发拉底河和底格里斯河流域)兴起,文字、城市、国家随后相继形成,在此基础上诞生了最早的人类文明之一——美索不达米亚文明,而目前已知最早的图书馆就出现在这一地区。

文字的产生和文献的出现,是人类文明诞生的重要标志,也是图书馆出现的先决条件。在不同地区和不同时代,不同文明创造出不同的文字体系。现在我们知道的比较早的就有美索不达米亚的楔形文字、古埃及的象形文字、我国的甲骨文、古希腊的拼音文字、印度的梵文等。在文字产生后,文献作为记载知识和信息的载体也随之出现。由于书写材料、记录方式的不同,文献的形式也各不相同。如古代埃及的泥版文献和纸草文献,古巴比伦、古希腊、古罗马的纸草文献和羊皮文献,以及我国早期文明发展史上出现的石质文献、泥质文献、甲骨文献、竹木文献、青铜文献、丝质文献等。这些早期文献所使用的材料多为只进行了粗加工的天然物质,制作工艺简陋,生产出的数量很少,笨重不便携带,记录手段也非常原始。

当文献数量在不断积累中日益增加,需要用到的时候也越来越多,就必然需要对已有的文献进行收集、整理和保存,于是,图书馆的雏形就出现了。目前,大家比较认可的是,人类历史上出现得最早的图书馆是大约公元前 3000 年两河流域的尼普尔城神庙图书馆,而亚述巴尼拔图书馆是现今已发掘的古文明遗址中,保存最完整、规模最宏大、书籍最齐全的图书馆。这座皇家图书馆因亚述国王亚述巴尼拔而得名,建立于公元前 7 世纪,在时间上要比埃及著名的亚历山大图书馆早 400 年,拥有 3 万多块泥板文献,并已按照内容的不同进行了分类,并存放在不同的房间里,亚述书吏还在每块泥版上附上题签,标明该泥版所记载的内容。亚述巴尼拔图书馆所藏文献门类齐全,包括哲学、数学、语言学、医学、文学以及占星学等各类著作,几乎囊括了当时的全部学识。亚述巴尼拔还雇有好多学者和抄写员,专门抄写各地的泥版和有价值的铭文,完成了史上最早的图书目录。

而在我国,图书馆的萌芽可追溯到公元前 13 世纪,当时的商代王室已有了保存典籍的地方。他们记录文字的材料多为龟甲和兽骨,上面的文字就是“甲骨文”,也有一些是把文字刻铸在青铜器上,所以被称为“铭文”。1928 年,考古人员开始发掘商代都城遗址殷墟,在其后的 100 多年里,殷墟遗址出土了数目惊人的甲骨文物,多数刻有文字。研究人员发现,这些甲骨记录了祭祀、狩猎、农业、天文、军事等方面的内容,内容极为丰富,并被有意识地收集和保管在专门的收藏地点,由史官专门管理。《尚书·多士》中也有对殷商典籍保存情形的描述:“惟尔知,惟殷先人,有典有册,殷革夏命。”这表明,在殷商时期,官府已经设置了机构对典籍文献进行收藏、管理和利用,已具备图书馆的最基本职能。到了周代,社会政治、经济、文化的发展更是大大超越殷商。就目前可知的记载来看,周王朝的史官被称为太史、内史、作册吏等,负责记录史事、收藏保管文献档案、提供顾问服务等工作,和商代史官相比,周代史官藏书的行为更加典型,不但保存的文献类型更加丰富,对文献的利用也更加明显,所以,有研究者认为:如果把商代甲骨文献的收藏称为我国古代藏书的萌芽时期,则周代就是古代藏书的成型时期。

(二)图书馆的发展及其文化地位

图书馆在人类文明史上具有极其重要的地位,图书馆是应人类对文献收集、保存、利用的需求而出现,对文化科技的进步乃至社会的发展都起到了重要的推动作用,并使人类历史上的众多文化遗产得以长期保存下来,流传至今。迄今为止,农业时代在人类历史上占据了最长的时间,达数千年之久。正是图书馆的存在,使得农业文明得以源远流长,为我们现在了解那个时代的历史提供了最大助力。在那数千年之间,随着社会生产力不断发展,图书馆也取得了巨大的发展,而纸张的发明和印刷术的出现无疑是农业时代图书馆史上两个最重要的里程碑。从这个角度来看,我们可以将农业时代图书馆的发展分为:泥版书、纸草书、简帛书时期的图书馆;写本书时期的图书馆;以及印本书时期的图书馆。

早期图书馆的发展程度与文献形态关系较大。在纸张被发明出来的之前,文献数量较为稀少,在古埃及、古希腊、古罗马时期,最为常见的文献形态是泥版书和纸草书,不易携带和储存,图书馆发展受到很大限制。因此,当比纸草纸更为耐用的羊皮纸出现后,欧洲的图书馆事业得以迅速发展起来,到了5世纪,在欧洲,羊皮纸已取代纸草纸成为主要的书写材料。

公元前332年,埃及被希腊人占领,置于亚历山大大帝统治之下,兴盛了2000多年的埃及文明从此逐渐淡出中心位置,被希腊文明取而代之。古希腊的图书馆事业于公元前6世纪进入繁荣期,并在其后的300年中将书写文化推向顶峰。古希腊还是第一个建立公共图书馆的国家,尽管这种"公共图书馆"和我们现在的"公共图书馆"有着很大的不同。在古希腊,公共图书馆十分普遍,从大城市到小城市,甚至岛屿上也都设有公共图书馆。除了公共图书馆外,古希腊还设有各种专业图书馆,私人藏书的潮流也在古希腊十分流行,如柏拉图、亚里士多德、欧里庇得斯等希腊文化史上的明珠式人物,都拥有自己的私人图书馆,且颇具规模。这些图书馆成为当时学者、知识分子的重要活动中心,对古希腊文化教育事业的发展发挥了巨大的贡献。

公元前 3 世纪,亚历山大图书馆建立。这是古希腊最著名的图书馆,也是整个人类历史上最古老、最为伟大的图书馆之一,被誉为是人类文明世界的太阳。亚历山大图书馆拥有当时世界上最丰富的藏书,多达 50 万(或说为 70 万)卷,主要为希腊文学书籍,均为纸草纸手稿及抄本。亚历山大图书馆的历任馆长都是当时的知名学者,馆员也是饱学之士,地位十分崇高。在长达 700 多年的时期里,亚历山大图书馆一直是当时世界的知识和学问中心。

古罗马的文化事业与古希腊一脉相承,图书馆也是如此,无论在建筑形式、管理方式,还是藏书内容上,古罗马的图书馆都与古希腊十分类似,发展得十分繁荣。古罗马历代帝王都十分重视图书馆的兴建,到 5 世纪,古罗马已有公共图书馆 28 所,所藏图书不下 10 万余卷。

而在古代中国,当纸发明出来以前,书籍的载体多为竹木和缣帛,即简帛书。春秋以前,文献典籍集中于官府,设专门的官吏掌管。到了战国,各国国君曾明令不准民间藏书只准官府藏书,这一措施到了秦朝,更是严苛。秦始皇焚书坑儒,使得先秦典籍被严重毁损。到了汉代,统治者开始放松查禁民间藏书,并积极丰富官府藏书。汉惠帝时,朝廷正式解除挟书禁令,使民间藏书合法化;汉武帝下令"大收篇籍,广开献书之路",充实宫廷藏书;汉成帝命刘向、刘歆整理图书,编成我国最早的藏书目录——《七略》,对上古至汉代的藏书首次进行大规模地汇集、整理。东汉恒帝时,秘书监正式设立,"掌典图书,古今文字考合异同"。自此,藏书管理机构正式在朝廷中出现,藏书管理事务日益完善。这一制度也被后来各朝代一直沿袭发展,在此后长达 1100 余年的我国封建社会时期,历代秘书监在朝廷中都占有显要地位,官员亦待遇隆厚。

后汉时期,约 2 世纪,蔡伦发明了造纸术,"用树肤、麻头及敝布、渔网以为纸",原料低廉易得。至东晋末年,约 5 世纪,纸张已广泛使用,我国已完全进入写本书时代,图书馆事业的发展也随之逐渐兴盛起来。到了隋唐,官府藏书、私人藏书、寺观藏书均得到很大发展。而当印刷术出现后,书籍的大量制作和广泛传播成为可能,促进了我国古代图书与图书馆事业的飞跃式发展。雕版印刷始出现于我国唐朝,由此写本书开始向印本书时代过渡,至11世纪宋人毕昇发明活字印刷术,书籍生产和流通开始专业化。在此之前的中国,无论是官修书籍,还是私人著述,全赖手抄留传。世界上其他地区也是如此。印刷术的出现则打破了这一限制,对图书馆事业的发展带来深远的影响。

宋代是我国古代藏书史上的一个高峰,官府及私家藏书都远超前代。在这一时期,我国古代藏书四大体系基本成型,官府藏书、私人藏书、寺观藏书和书院藏书都已达到了一定的发展规模。宋之后,历辽金元数代,直至明清,印刷术不断改进创新,迎来我国古代印刷业的繁荣时期,官刻、私刻、坊刻盛行,出现线装这种新的书籍装订形式,更加结实,还可重装,更有利于广泛流通传播。明清时期,朝廷十分注重编书藏书,明成祖时编纂《永乐大典》,清康熙时编《古今图书集成》,乾隆时编成《四库全书》,并建文渊阁、文津阁等较大规模的官办藏书楼,体现出较强的国家图书馆行为。明清时期的私家藏书越加普遍,出现了如天一阁、汲古阁、澹生堂、续钞堂、倦圃、曝书亭、乐善堂等一大批著名的藏书楼。

书院藏书虽然出现时间后于官府藏书、私人藏书和寺观藏书,但由于教学、讲学活动的需要,书院藏书形成了独具特色的公共性和开放性。我国古代历朝官府藏书、私家藏书等更注重"藏",而书院藏书则不同,其目的在于为师生提供研习之资,服务、服从于其教学与学术研究工作。因此,书院藏书建设管理也向不同重点发展:设置专人管理书院藏书,制定完备的图书馆保管、借阅制度,编制院藏图书目录,以方便读者的检索、阅读。

造纸术和印刷术是我国古代四大发明之二,对世界各地图书馆事业的发展都具有极为重要的影响。随着造纸术和印刷术从我国传播到世界各地,期间不仅促进了不同文化之间的传播、交流和发展,也推动了世界各地图书馆事业的加速发展。

我国的造纸术先是传入朝鲜、日本、越南等亚洲国家,然后从阿拉伯国家传到

非洲、欧洲大陆,欧洲人再把造纸术带到美洲,最后传入大洋洲。我国造纸术在 8
世纪中期传入阿拉伯世界后,在一定程度上促进了这一地区图书馆事业的发展。
得益于阿拉伯帝国政治经济方面的强大实力,还有伊斯兰教的巨大影响,阿拉伯的
图书馆在 9 世纪就已得到很好的发展,一直到 12 世纪,皇家图书馆、清真寺图书馆
以及私人图书馆在这一地区都十分发达。以巴格达和大马士革为中心,穆斯林信
徒大力兴办图书馆和学校,远达开罗、西班牙等地,在文化鼎盛时期,巴格达城内的
公共图书馆就多达 30 多座这些图书馆的藏书范围十分广泛,除了《古兰经》等伊斯
兰教的宗教图书,还有古希腊罗马的文献、梵文哲学著作、印度史诗等各时代不同
门类、文种的图书。

　　但事物的发展并不是一路顺利直行的,其中不乏曲折。与阿拉伯图书馆事业
的兴旺形成鲜明对比的是,中世纪的欧洲陷入了"黑暗时代",文明走向衰落,在过
去十分常见的公共图书馆在这一时期的欧洲几乎销声匿迹,只有一些小型的私人
图书馆艰难地幸存下来,直至漫长的近千年之后,公共图书馆才重新出现。欧洲的
中世纪时代指 5 世纪到 15 世纪,随着西罗马帝国灭亡,欧洲逐渐被宗教势力垄断,
在浓厚的宗教氛围下,基本上只有修道院图书馆和教会图书馆得到发展,成为这一
时期图书馆的主流。但与穆斯林图书馆数以万卷计的藏书相比,中世纪欧洲修道
院图书馆的藏书数量太过稀少,通常不过百来卷。在中世纪,书籍都是手工制作而
成,抄写书籍在数百年中成为保存典籍、传播知识的主要方式。手抄书十分费时费
力,仅是抄写一本《圣经》就需要 15 个月的时间因此十分珍贵,当时的修道院图书
馆对图书采取了严格的保护措施,不对公众开放。

　　15 世纪初,我国发明的印刷术西传,对西方图书馆的历史产生重大影响。印
刷术实现了书籍的批量生产,由于成本降低,书价也越来越低廉,阅读的受众日益
增多,这导致了图书更多地生产,并提供给各种类型的图书馆,促使图书馆的规模
不断扩大,随之又更加复杂化。因此,有学者表示,从某种意义上,可以说现代图书
馆事业是随着印刷术的发明而诞生的。

　　当然,15 世纪后欧洲的图书馆有了重要发展,除了有印刷术得到广泛利用的
一大原因,文艺复兴运动也起到了很大的作用。文艺复兴运动(14 世纪中叶—17

世纪初)以人文主义精神为核心,提出复兴希腊罗马的古典文化,打破了中世纪时期宗教神学的绝对权威地位。更重要的是,文艺复兴时期人文主义者对"普遍人权观念的追求和主张开放图书馆"的呼吁,从实践上促使形成了公共图书馆的初期萌芽,孕育了图书馆的人文传统,对图书馆进化过程施加着深层次上的持久影响。

在人文主义这一自由思潮的影响下,从意大利开始,欧洲各国积极兴建图书馆,并再度向公众敞开图书馆大门,这大大推动了西方图书馆的发展,促进了西方各国图书馆及其藏书数量的增加。一些具有人文主义思想的国王、贵族、教会权贵也纷纷建立图书馆,其中,一部分皇家和教会图书馆逐渐演变成国家图书馆和大学图书馆。另一方面,私人图书馆也大量出现,修道院图书馆逐渐衰落。文艺复兴的积极参与者几乎都是狂热的藏书迷,他们大量搜集古籍,并对其进行研究,让古希腊、古罗马时期的众多作品重新面世,贡献巨大。文艺复兴时的图书馆馆藏结构发生很大变化,古代经典作品和其他非神学作品开始增多,改变了过去以宗教书籍为主的局面,而图书馆馆藏的激增也促使图书馆的管理方式开始发生深刻的变化,图书的分类、编目等工作越来越受到重视,涌现出一批杰出的图书管理员,如"目录学之父"康拉德·格斯纳。图书馆建筑也出现较大变化,一些大型图书馆设计得十分华丽壮观,装饰着精美的壁画、雕塑等。

(三)生产力视域下的农业时代图书馆

马克思主义认为,生产力是人类改造自然的能力,是人类全部历史的基础,人们所达到的生产力的总和决定着社会状况,一定的物质生产力决定了一定的生产关系和其他社会关系,并归根到底决定了在一定生产关系基础之上所形成的政治上层建筑以及其他各种社会意识形态。生产力包括三个基本要素:劳动者、劳动工具和劳动对象。其中,劳动者在生产中起主导作用,劳动工具是生产力发展水平的重要标志,劳动对象也在一定程度上反映了人类改造自然的能力。

将马克思主义生产力理论应用在图书馆的研究上,我们可以发现,在农业时代,无论中外,图书馆的劳动者,即图书馆工作人员,主要是以书籍文献的保管者和整理者的身份存在,一般学识素养要求较高,具有渊博的知识,社会地位也比较高,是一个十分受人尊重的职业。劳动对象,即各种图书文献等馆藏品,从泥版书、纸草书、羊皮书、简帛书,到各种以纸张为载体的写本书,再到雕版印刷品、传统活字印刷品等。

而图书馆员的劳动工具,大致可分为统计记录文献的记录工具、收藏保存文献的存储工具,以及传输工具——人力或其他物力。在农业时代,文献储存场所从最初简陋的洞窟发展到精心设计的藏书楼、图书馆等独立建筑物,文献或存放于陶罐、壁龛,或摆放在传统的书柜、书架上。而在对馆藏的整理、记录、查找、传输工作上,人力一直是最主要的,主要依赖人的头脑与双手,以及笔、账簿等来登记整理所藏文献,通常图书管理员需要对馆内藏书非常熟悉,他们的头脑犹如一部活的检索机器,也正因此,农业时代的图书馆馆长多由知识渊博的人士担任。图书馆学的发展历经数千年来积累了一定的经验和成果,在编目分类上已有一些建树。由于文化习惯的不同,中外图书馆各有不同标准,中国按内容不同分为经、史、子、集四类,而西方图书馆多按主题进行编排。早期手抄书的传播方式导致文献内容的准确性难以保障,为此,我国古代的图书馆工作人员还需要对入藏书籍严格进行考订、校雠,形成了专门的版本学、目录学、校雠学等。

农业时代的中外图书馆都已形成较为完备的图书馆管理体系,业务流程较为规范,主要工作是搜集、整理、保存各种文献典籍,对文献的利用主要体现在为少数的统治者、达官显贵、知识分子等提供借阅,帮助资政参考,支持教学培养、学术研究,或利用藏书编纂出版各类图书等,范围并不广泛。即使是古希腊、古罗马时期的公共图书馆,也与现代意义上的公共图书馆相距甚远,所服务的人群在全社会中所占比例很小。有的图书馆,如我国部分私家藏书楼、西方的修道院图书馆,更是严格限制图书的对外开放,著名的宁波天一阁规定"代不分书,书不出阁",范氏子孙不得无故开门入阁,而中世纪初期和中期的修道院图书馆里最常用的书一般都用铁链拴在书桌上,防范极严。

这种观念显然和当时社会生产力发展水平密切相关。图书馆的基本职能是收集、整理、保管和利用文献,这是图书馆自出现之日起即已确定的,但在不同历史时期会各有侧重,表现出不同的主导社会职能。在农业时代,图书馆的主要职能是保存社会生产的各类文献,文献的利用是次要的。农业社会的特征表现在以手工为主要生产方式的自给自足的小农经济在社会中占主导地位,社会分工不发达,社会分化程度低下,长期缓慢发展的生产力和偏低的社会物质水平,导致一方面人民大众的需求重点还处于满足生存温饱阶段,对文化艺术的追求基本可以忽略,大部分人不识字,不具备足够的读写能力,社会上不存在广泛的读者群;另一方面,书籍制作不易,数量较少,也无法充分满足人们的需求,有限的书籍资源被掌握在少数社会地位较高的人群中。为了防止损坏丢失,对于文献典籍这类珍贵的资源,人们的保藏意识自然要远重于利用的想法。而从目前来看,这种观念的确为人类文化遗产的长期保存做出了巨大的贡献,有一定的积极意义。

在藏书大于用书这一点上,我国的藏书楼体系表现得尤为明显,而这个问题也在很长时间上被众多研究者所诟病,认为:与现代图书馆相比,我国的藏书楼是封闭的落后的。事实上,关于藏书楼与图书馆之间的异同,现在学界依然存在诸多争议,争议的关键点在于,这二者之间的差异是属于两种不同事物的本质性差异,还是同一事物处于不同阶段的差异。我们认为,藏书楼就是古代的图书馆。藏书楼是对中国古代政权机构、寺院、民间团体以及私人收藏图书文献典籍的建筑物的统称,由于语言差异的存在,在译介西方各国及世界其他国家的一切收藏图书文献典籍的场所时,我们都称之为"图书馆"。因此,有学者认为广西方国家和东方中国在工业革命之前,都同时存在皇家、书院(学院)、寺观(教会)、私家藏书楼,共同构成了完整的藏书楼体系,这不是什么巧合,是由农业文明造就的产物。"中国的藏书楼就是农业社会形态的'图书馆'。西方工业革命之前,存在于西方各国的各类保存图书、文献的机构,就是农业社会形态的'藏书楼',两个概念实指同一事物。"

虽然属于同一事物,但从前面所述图书馆的发展历史可以看出,由于社会政治、经济条件、文化传统等因素的不同,在农业时代,中西方图书馆事业的发展存在着显而易见的差异。最为显著的一点是:中国图书馆事业发展进程更为缓慢,独特的藏书楼体制在数千年之间延续发展,没有发生剧烈的变化,而在相同的时间维度中,西方的图书馆发展却出现了翻天覆地的改变,终于成为近现代全世界图书馆事业的先锋典范。从生产力角度来分析,这是因为,在农业时代,我国是最典型的农业大国,经济方面以"重农抑商"、高度自给自足的自然经济为特征,和西方国家相比,我国很早就建立了高度专制的封建皇权统治制度,延续的时间也更长,一直到清末,社会基本形态没有太大改变。即使后期出现资本主义萌芽,也一直处于被压制的境况,无法动摇社会的根本。所以,在我国古代,一直未能像西方那样,资产阶级发展成为促进社会改革的一股重要力量。作为基础的生产关系没有发生根本变化,那么,图书馆作为上层建筑的意识形态层面,也不可能突然发生剧变。

第二节　工业时代的公共图书馆

和农业时代长达上万年的时间相比,跨度仅仅 300 多年的工业时代要短很多,但由于这一时期生产力的变革,使得工业时代社会出现的变化远大于农业时代,图书馆的发展亦是如此。工业革命之后,世界市场逐渐形成,各国政治、经济、文化的发展相互影响,图书馆的发展也不再是彼此隔离的,封闭的大门被打开,不同地区、不同国家之间交流、影响日益加深,形成一个全球化的图书馆事业。

随着印刷科技的不断进步,图书出版市场飞速发展,真正意义上的公共图书馆在英国出现,图书馆的开放性日益受到重视,对图书馆的利用更为深入广泛,图书馆在社会大众生活中逐渐成为不可或缺的一部分。1927 年,国际图联正式成立,世界图书馆事业在此推动下更加欣欣向荣,同时各国图书馆、图书馆协会之间的国际协作也更加频繁,图书馆学研究和图书馆学教育广泛兴起,指引图书馆科学化、规范化、专业化发展。1949 年,联合国教科文组织首次通过《联合国教科文组织公共图书馆宣言》,强调了公共图书馆作为民主社会保障、承担社会教育职能的重要作用,以及对公共图书馆的立法、公费支持,对所有人免费服务的基本理念,具有划时代的意义。

(一)工业革命和公共图书馆

1769 年,英国人瓦特改良了蒸汽机,在整个英格兰引发了一场史无前例的、影响深远的工业革命。在此之前的农业时代,整个生产动力基本依靠人力和畜力,而蒸汽机的出现,使人力、畜力开始被机器取代,个体工场手工生产方式被大规模工厂化生产方式取代。随着工业革命在欧洲大陆乃至世界各地传播开来,人类社会出现了翻天覆地的变化,无论是经济、政治,还是文化、精神方面,以及社会结构和人的生存方式等,都与农业社会截然不同。毋庸置疑,作为工业文明的起点,工业革命实现了从传统农业社会转向近代工业社会的重要变革。

机器的发明及运用是工业时代的独特标志。得益于科技的飞跃式发展,呈规模化生产的工厂如雨后春笋涌现,城市化进程不断加快,大量人口涌向新兴的工业城镇,大众教育日益受到重视,推动图书馆事业也出现了前所未有的进展。在各国中,英国率先完成工业革命,成为世界上第一个工业国家。工业革命时期,英国出现大量专为工人服务的图书馆、阅览室及工人读书演讲会,工人们在这些地方展现出极大的求知欲,这些图书馆从大城市发展到小城市,到了1850年,英国本土已有近700所这样的图书馆。有研究者考察了英国公共图书馆产生的社会背景,指出在十九世纪中期之前,英国社会上的图书馆可谓名目繁多,形式多样,数量不少,但服务面都很小,有各自的服务范围,且一般都收费。这些,一方面反映了英国社会对图书馆的需求很强烈,另一方面也反映了当时图书馆状况的落后,尤其是当时的英国还没有向所有居民开放的、免费的、大型的、普通的图书馆。然而,民间自发建立的如此众多的小型图书馆,社会普遍产生的如此强烈的阅读需求,向资产阶级的政府发出了一个信号,即建立服务于最大多数民众的公共图书馆,是英国社会的需要。为适应这一需求,在有心人士的推动下,1850年,英国议会通过《公共图书馆法案》,世界上第一部国家公共图书馆法正式出台,随后拉开了英国公共图书馆运动的序幕。法案规定,在人口达到1万及以上的英格兰和威尔士各城市有权建立公共图书馆,入馆免费,其经费从地方税中支出,城市议会可为此增加税收,每年对每1英镑的固定资产课以半便士的财产税,用以支付公共图书馆的建造费和地租,但不可用于购买图书,公共图书馆的图书来源应为个人捐赠。

随后的时间里,法案内容在此基础上又经过多次修订充实,不断得到发展完善,法案适用范围扩大,不再限制人口数量,经费得到提高,管理更为合理,由独立的专门机构对图书馆进行管理、调配,更重视公众意愿的更充分表达,法案的各项规定条款也更为明细且易于操作。这些对于法案的修订让英国公共图书馆法律体系日趋完善,对英国公共图书馆事业的发展发挥了很大的作用,公共图书馆建馆数目逐年增加,1850—1851 年建立 4 所,1851—1862 年建立 23 所,1868—1886 年建立 98 所,而到了 1900 年,英国国内已有公共图书馆 352 所。英国公共图书馆的数量在 19 世纪的最后 25 年中迅速增加,除了公共图书馆法律体系的完善,其缘由还有英国初等教育法的颁布。1870 年英国政府开始强制实施初等教育,1876 年的教育法规定,家长有义务让其子女接受 3R 初等教育,违者受罚。教育的普及使得图书馆的需求人群急剧增加,从而促进了图书馆的发展。另外,1877 年英国图书馆协会的成立也为这一时期公共图书馆的发展做出了贡献。

1850 年英国公共图书馆法案的颁布是世界图书馆史上的一个重要分水岭,在此之前,即使已经有公共图书馆的出现,但其服务对象主要还是在全体人口中占少数的统治阶级,并未实现真正的公众共享。在工业革命时期出现的英国公共图书馆为后来其他各国的公共图书馆确立了几个要点:①向所有居民免费开放;②经费来源是地方行政机构的税收;③公共图书馆的设立和经营必须有法律依据。此后,公共图书馆由地方政府拨款建立的观念被普遍接受。

在英国之后,欧洲其他各国的公共图书馆事业也有了很大发展。德国从 1850 年开始工业化,越来越庞大的工人队伍带动了图书馆事业的兴起,德国的工业城市纷纷兴建图书馆,读者群主要是工人阶层,以便工人能更好地学习掌握工作中必需的一些科技知识。到了 19 世纪末,德国的工业已跃居世界第二,仅次于美国,德国的各种图书馆总数也由 767 所增为 1609 所,并已形成了一个独立的公共图书馆系统。其他如丹麦、瑞典、瑞士、挪威等国的公共图书馆运动也都开展得颇有成效。而法国由于国情等方面的原因,在欧美国家中工业化进展比较缓慢,法国的第一批公共图书馆大约形成于 1814 年,但由于缺乏足够的重视和适当的管理,其公共图书馆发展水平也落后于英、美、德等国。

美国工业革命开始的时间约比英国晚半个世纪,19 世纪初,美国开始工业化道路,但由于美国的自然条件和经济社会条件更具优势,工业革命在美国的发展十分迅速,19 世纪末 20 世纪初,美国完成工业革命,国力超过英国、德国等,成为世界上头号工业强国。而公共图书馆出现的时间,美国与英国大致相同,成就也相当。实际上,美国图书馆事业的发展就一直与欧洲紧密相关。欧洲殖民者在 16 世纪初将书籍带到美国并在当地兴建图书馆,传教士和清教徒移民们在此事上发挥了重要作用,教区图书馆、私人图书馆,以及包括哈佛大学图书馆在内的大学图书馆构成了美国殖民地时期(1607—1765 年)的主要图书馆体系。而随着社会的发展,阅读生活逐渐进入大众层面,会员图书馆这一新型图书馆模式也在美国出现。1731 年,美国独立战争领导人之一、科学家富兰克林在费城创办的"费城图书公司",被认为是"所有北美会员图书馆之母"。会员图书馆是采取个人入股的方式建立起来的图书馆,每个会员拿出一定的金额,共同购买、利用图书。加入富兰克林会员图书馆的成员大多是社会地位不高的小业主、店员、职工等。随后,会员图书馆在美国各地迅速发展起来,美国独立战争(1775—1783 年)结束后,会员图书馆更是迎来全盛时期,并逐渐向更多的人开放,不再限于会员,非会员也可以使用其中的图书,成为美国公共图书馆事业的先声。

由于政治体制的差异,不同于英国由国会统一制定公共图书馆法的方式,美国的公共图书馆法是由各州、各市自行通过的。1848 年,美国马萨诸塞州议会通过了一项法案,决定建立波士顿公共图书馆,1852 年,波士顿公共图书馆开始投建并于 1854 年正式对外开放,这是美国第一所依法设立的由公众投资维持的公共图书馆,免费向公众开放,规模仅次于当时的国会图书馆。波士顿公共图书馆的建立,为美国其他州和地区提供了很好的借鉴案例,到了 19 世纪 90 年代,公共图书馆已在美国各州和地区普遍建立。

工业革命不仅改变了各个国家的政治、经济、文化等局势,还从整体上改变了世界格局,促进了世界市场的形成。19 世纪初,世界市场初步形成,20 世纪初,资本主义世界体系最终形成。这也对图书馆事业的发展起到了一定影响。全国乃至全世界范围内的学术文化交流更易实现,图书馆的馆际协作更加便利,国际协作也逐渐开展起来。作为当时世界各国图书馆事业中的翘楚,美国、英国率先成立全国性的图书馆协会。1876 年,美国图书馆协会成功创建,1877 年 10 月,第一次图书馆员国际会议在伦敦召开,来自英国、美国、比利时、丹麦、法国、意大利、希腊和奥地利等国的 200 多位馆员参加此次会议,会上宣告成立英国图书馆协会。1908 年,美国图书馆协会与英国图书馆协会联合编辑出版第一部跨国的统一条例《ALA 目录规则:著者和题名款目》,也叫《英美规则》,为编目规则的国际化、标准化做出榜样,是早期图书馆协作的一个重要事件。

(二)图书馆运动和世界图书馆事业的发展

在图书馆的发展上,美国可以说是后来者居上。1865 年南北战争的结束为美国资本主义的发展进一步扫除了障碍,美国的各项事业进入高速发展期,图书馆亦然。1876 年,美国热烈庆祝建国 100 周年,美国图书馆界也借这一时机在费城举办了全美馆员大会,这是继 1853 年纽约图书馆员会议之后举办的第二届全美馆员大会,在美国图书馆史上占有重要的地位。在此次大会上,美国图书馆协会正式成立,此后,美国图书馆协会就坚定地承担起美国图书馆事业的领导者和中坚力量的角色作用,进一步推动了美国图书馆,尤其是公共图书馆的发展。美国的图书馆界在这一年还发生了更多的重要事件:美国第一家图书馆刊物《图书馆杂志》的创刊,《杜威十进分类法》(Dewey Decimal Classification)的发布,以及美国联邦教育部《美国公共图书馆:历史、现状与管理》(Public Libraryin the United States of America)特别报告的出版。因此,1876 年也被视为美国图书馆史上的一个重要转折点。

在 19 世纪末 20 世纪初的美国公共图书馆运动中,表现最引人注目的是被誉为“现代图书馆事业之父”的麦维尔·杜威。杜威是美国图书馆史上最重要的著名图书馆学家之一,为人类图书馆事业的发展立下赫赫功绩,他是史上第一个图书馆协会——美国图书馆协会的创建人之一,并长期担任协会的领导职务,也是史上第一部采用现代标记符号的分类法——《杜威十进分类法》、史上第一份图书馆杂志——《图书馆杂志》、史上第一所图书馆学校——哥伦比亚图书馆管理学校的创始人。杜威的这些创举为美国图书馆事业的进步做出非凡贡献,更是大大促进了世界图书馆事业的发展,其影响一直延续至今。另外,在他的职业生涯中,杜威十分注重图书馆作为“人民的大学”的作用,不但首创参考咨询馆员制度,还提出了图书馆图书资料选择的“三最原则”——用最低的经费为最多数的读者提供最好的读物(The best reading for the largest number at the least cost),并且建立了、流动图书馆制度,将公共图书馆的服务延伸到广大偏远社区,让成千上万的普通民众从中受益。

　　另一位为美国公共图书馆发展做出不可磨灭的贡献的是美国"钢铁大王"安德鲁·卡内基。卡内基是美国工业史上的一位传奇人物,而他对图书馆事业的投入和影响,更是令人敬佩。从1881年至1919年间,卡内基和卡内基基金会共花费5600多万美元,在世界各地建立了2509座公共图书馆,其中近一半是在美国,惠及1412个社区。卡内基图书馆计划促进了美国图书馆事业的蓬勃发展,其规模之大,时间之长,在世界图书馆事业史上也比较少见。19世纪末20世纪初被认为是美国图书馆发展的巅峰时期,实在与卡内基的贡献分不开。也许是因为年少时的经历,卡内基对图书馆的服务功能非常重视,他提出,"图书馆应该成为社区的实际存在"(Libraries should be a real presence in the community)他还坚持在捐建的图书馆中执行开放式书库的做法,让读者能够直接浏览到图书馆的藏书。

　　美国图书馆事业的繁荣发展不仅限于公共图书馆这一块,其他类型图书馆的成就也足以引领群雄。美国国会图书馆成立于1800年的华盛顿,从最初只为国会议员提供法律参考方面的服务,到后来逐渐发展成为面向公众服务的美国最大的综合性图书馆,其发展一直备受重视。在几代馆长的共同努力下,通过确立享有呈缴本特权、制定《美国国会图书馆分类法》、发行印刷目录卡片、编制《全国联合目录》等举措,美国国会图书馆切切实实发挥了它作为国家图书馆在美国图书馆界的领军地位。而随着19世纪美国教育科研事业的进步,各种大学图书馆、学校图书馆以及专业图书馆也得到长足发展,成为教学和科研机构不可缺少的一部分。以哈佛大学图书馆为例,1636年建立之初的一段时期主要是依靠赠书维持,最开始馆藏仅为约翰·哈佛遗赠的400本书,到1723年馆藏发展到3500册,到了19世纪末,哈佛大学图书馆已成为美国最大的图书馆之一,拥有近23万册书籍。

　　而从世界图书馆事业的发展角度来看,这一时期较为重要的表现还有各国国家图书馆和图书馆协会的创建。至20世纪初,欧美各国以及俄国、日本、中国、印度等大多已基本建立了自己的国家图书馆和全国性图书馆学会。这些机构的成立为图书馆馆际互借、国际协作的进一步开展创造了有利条件。1927年,来自中国、美国以及欧洲各国等14个国家的图书馆协会代表联合倡议并通过决议,在苏格兰爱丁堡市宣告国际图书馆联合会(简称"国际图联"International Federation of Library Associations and Institutions,IFLA）正式成立,从此更是开创了全球图书馆事业共同发展的一个全新局面,让世界图书馆事业成为一个整体,各国图书馆事业之间的联系日益紧密。

然而,由于当时世界政治格局的影响,亚洲、非洲等世界大部分国家和地区成为西方的殖民地,随着文化输出,西方文明在这些殖民地产生了巨大的影响,非对等的地位也让西方之外的图书馆事业呈现出新的发展趋势。在近代亚洲,日本是唯一一个没有沦为殖民地、半殖民地的国家,1868 年明治维新之后日本迅速崛起,成为亚洲第一个工业化国家,1872 年效仿英美图书馆建立了日本的第一所公共图书馆——"官立书籍馆"（后改称"官立图书馆",1897 年改为帝国图书馆）,随后,日本的近代图书馆数量迅速增加,1913 年已增至 900 所左右,但其中大多数馆禁止书籍外借,并未很好地起到公共图书馆的作用。印度作为英国的殖民地,其第一所公共图书馆——加尔各答公共图书馆（创建于 1835 年,次年正式对公众开放）也受英国图书馆模式影响甚深,1902 年,加尔各答公共图书馆与其他图书馆合并为"帝国图书馆",这也是印度国家图书馆的前身。而在印度的巴洛达邦,其邦主 M.S. 盖克沃德则接受了美国图书馆的影响,并聘请美国图书馆专家帮助建立了中心图书馆、免费公共图书馆、阅览室巡回图书馆,形成图书馆系统,让巴洛达邦成了当时印度公共图书馆事业最发达的地区。

近代中国图书馆的发展也受西方影响至深。在两次鸦片战争之后,我国对外壁垒被进一步打破,西方传教士在中国的活动中心转至东南沿海,上海因此"成为西方传教士图书馆活动的中心和西方图书馆观念的传播中心",同时,国人居弱图强情绪不断高涨,以"师夷长技以制夷"为口号的洋务运动在中国各地开始了近代工业化的步伐,郑观应、康有为、梁启超等人对我国传统的藏书楼活动进行了反思批判,并大力提倡向西方学习,重藏轻用的传统藏书楼逐渐式微,相反,带有公共图书馆性质的民间实践却颇为踊跃:1901 年,以何熙年为首的皖绅创办了皖省藏书楼,开我国创办公共图书馆之先河;1902 年,在徐树兰的筹备下,古越藏书楼建成,次年对外开放,我国近代第一个公共图书馆章程《古越藏书楼章程》正式出现。随后在清末新政时期,西方图书馆观念在我国的传播更为广泛,在晚清历史上引发了一股自上而下的有组织的创办新式图书馆的热潮,由此形成了一场公共图书馆运动。"这场公共图书馆运动,包括公共图书馆的创办、图书馆管理体制的建立、图书馆管理制度的建立、公共图书馆观念的广泛传播、西方图书馆学术的翻译介绍等内容,奠定了我国近现代图书馆发展的基础。"在这场公共图书馆运动中,比较有影响力的重要事件有:1904 年,湖南图书馆、湖北图书馆先后创办;1910 年,清政府颁布《京师图书馆及各省图书馆通行章程》,该章程被认为是"晚清新图书馆思想观念的结晶和公共图书馆运动兴起的重要标志"。

辛亥革命后,再加上五四运动和新文化运动的进一步推动,图书馆开放为公的观念及其对于国民教育的重要作用得到广泛实现,首都图书馆的前身——京师通俗图书馆于 1913 年正式开馆。1924 年,美国政府向我国退还庚子赔款用于发展图书馆等教育文化事业,由此引发了一个"新图书馆运动"的高潮,全国图书馆事业尤其是公共图书馆事业得到迅速发展。据中华图书馆协会统计,1925 年,全国 502 所图书馆中,公共图书馆 259 所,占 51.6%;学校图书馆 171 所,占 34%,其中大学图书馆仅 7 所;机关、团体及其他类型图书馆 72 所,占 14.4%。图书馆的读者从知识阶层人士扩大到社会全体民众,专为妇女、儿童所设的阅览室、图书馆等也相继出现,馆藏类型也发生了很大变化,在广泛搜求各种图书报刊的同时对国外书籍期刊的收集也予以了很大重视,多部图书馆法律法令颁布,并引进《杜威十进分类法》《美国国会图书馆分类法》等,管理制度得到进一步规范。但由于时局动乱、战争频繁等原因,我国图书馆的发展状况与英美等西方国家相比依然十分落后,尤其是在抗战至新中国成立这一时期,基本处于停滞不前的境地。1949 年新中国成立后,图书馆成了广大人民的科学文化教育阵地,在党和政府的支持下,各类图书馆发展迅速。但与同期欧美国家的图书馆事业相比,还是差距很大。

(三)图书馆学研究与图书馆学教育

近代图书馆事业的发展和图书馆学密不可分。和图书馆的悠久历史相比,图书馆学显得十分年轻。图书馆学(library science)是研究图书馆的发生发展、组织管理,以及图书馆工作规律的科学。图书馆学的出现为图书馆事业的发展提供了理论指导,进一步促进了图书馆的发展,提高了图书馆在人类社会进步中的地位和作用。

"图书馆学"的正式出现是在 1808 年,时任德国慕尼黑宫廷与邦立图书馆副馆长的施莱廷格首次提出"图书馆学"这个术语,他将图书馆学的研究对象概括为藏书的整理,内容是图书的配备和目录的编制。随后,艾伯特、莫尔贝克等人进一步发展其观点,从理论和方法角度对藏书建设、分类编目、典藏保护和读者服务等方面做了比较完整的总结,使之系统化,初步形成了图书馆学理论体系。

如前文所述,作为 19 世纪影响最大的图书馆学家之一,杜威在图书馆事业发展和图书馆学领域都做出了极大的贡献。相对于理论研究,杜威更偏向于从实用的观点去设法解决一个实际问题,因此,在图书馆学领域,杜威的功绩主要体现在十进分类法的创建,《图书馆杂志》等专业期刊以及哥伦比亚大学图书馆学院的创办。《图书馆杂志》等专业期刊为广大馆员提供了一个学术与工作经验交流的平台,大大促进了美国图书馆的专业化。而十进分类法的影响更为广泛,十进分类法简易明确,适应了当时因图书数量迅速增加带来的急需科学分类以及便利检索的实际需要,在图书馆实践中可操作性极强,是世界上使用最为广泛的一部分类法。其他分类法虽然影响力不如十进分类法,但也有一定数量的图书馆在采用,如美国国会图书馆图书分类法在一些政府机关图书馆、科技图书馆和高校图书馆中使用较多,英国图书馆学家布朗创建的主题分类法有在英国一些公共图书馆中使用,美国图书馆学家布利斯的书目分类法有被英国、美国以及澳大利亚的一些政府机关及高校图书馆采用。1899 年,比利时目录学家奥特勒、拉封丹以及英国文献学家布拉德福等人以《杜威十进分类法》为基础制订了《国际十进分类法》,通用至今。后者也是文献学基本定律之一——布拉德福分散定律的创立者,该定律不仅说明了核心期刊的客观存在,而且还揭示了文献分布的集中与离散规律,已成为世界期刊工作的指导理论 1886 年,德国格廷根大学图书馆馆长齐亚茨科作为图书馆学教授最早在大学开设了图书馆学讲座。次年 1 月,杜威在哥伦比亚大学开设的图书馆学院正式开学。他们的努力让现代图书馆学教育得以正式登上大学讲坛,为图书馆学专门人才的科学培养奠定了良好的基础,此后世界各国的图书馆学教育多以此为范本进行。杜威在图书馆学教育方面还有一大创举是对于女性图书馆从业人员的重视,在其首批招收的 20 名学生中,就有 17 名为女性,大大提高了女性在图书馆界的地位。

杜威在图书馆学上的实用主义观点在当时的美国以及全世界属于主流思潮,而进入 20 世纪 30 年代后,理性主义思潮逐渐占据上风,巴特勒、谢拉等学者相继提出了不同意见,他们认为:图书馆的管理和技术方法问题,不应成为图书馆学的主要研究对象,图书馆学应研究其理论基础和科学原理以建立图书馆哲学,从而揭示图书馆的本质特征和发展规律。谢拉构建的"社会认识论"打破了以往孤立地看待研究图书馆事业的方式,将图书馆放在活生生的社会大系统中,从历史、社会心理学的角度来审视图书馆现象,被认为是图书馆学的重要理论基础,是图书馆事业进步的源泉,意义十分重大。

20 世纪是现代图书馆学迅速发展的时期,而有"印度图书馆学之父"之称的阮冈纳赞无疑是当时最伟大的图书馆学家之一。1931 年,阮冈纳赞发表了图书馆学史上的不朽著作——《图书馆学五定律》,提出了图书馆工作的五条基本原则,即:书是为了用的;每个读者有其书;每本书有其读者;节约读者时间;图书馆是一个生长的有机体。"图书馆学五定律"不但深刻阐述了图书馆的性质和任务,还首次把图书馆的工作置于科学基础之上,为现代图书馆的各项工作指明了基本的规律和发展的方向,直到今天,这五条基本原则都是图书馆学基础理论的核心指导思想,阮冈纳赞的特别之处还在于,作为一个印度本土的图书馆学家,他将源自西方工业化国家的图书馆学与印度的具体国情融合起来,取得了独创性理论进展,使之适应并促进了印度图书馆事业的发展,同时又为世界其他国家图书馆事业的发展提供了借鉴和指导作用,就这方面而言,尤其值得我国图书馆人进行思考。

我国的图书馆学萌芽于 20 世纪初,这一时期,梁启超、蔡元培、鲁迅、李大钊众多社会知名人士以莫大的热情投入图书馆发展事业中,贡献较大。五四运动之后,我国图书馆学教育逐渐普及,除了大量派出人才出国留学专门学习图书馆学外,还在国内各大学正式开设图书馆学系科,正式授予学位,如文华图专、上海国民大学图书馆学系、金陵大学图书馆学系、国立北京大学图书馆学专修科等。由此出现了一批职业化的图书馆学家,如沈祖荣、杨昭悊、洪有丰、杜定友、刘国钧、李小缘等,他们也是我国的第一代图书馆学家,共性是都有过图书馆相关的留学经历,他们对美国等西方国家图书馆界思想的积极介绍传播让国内图书馆的学习对象由日本变为美国,也为这一时期的中国带来一阵图书馆学理论研究高潮,建树颇丰,众多外国图书馆学理论方法被中国化,对20世纪前半叶中国的图书馆学产生了决定性的影响。在20世纪二三十年代,在中国图书馆学研究中占主要地位的是对图书馆管理的探讨,内容集中在图书分类、编目和检字法方面,而到了50年代,受政治体制的影响,我国图书馆界普遍转向苏联学习,在马克思列宁主义的指导下,围绕图书馆的阶级性和新图书馆任务的讨论成为主流,图书馆"为工农兵服务"和"为科学研究服务"的思想,成为当时中国图书馆学研究的主要指导思想。

(四)生产力视域下的工业时代图书馆

工业时代开始于18世纪60年代,从第一次工业革命开始,蒸汽机的发明开启了机械大生产的时代,建立了工厂制度,流水线生产方式的出现大大提升了工作效率,劳动分工日益精细化。第二次工业革命带来的电力能源技术进一步解放了劳动力,让大规模生产得以实现,产业结构发生巨大变化,科学技术成为第一生产力。1946年,第一台电子计算机在美国问世,自此一直到互联网出现(1969年)的数十年时间里,工业时代逐渐向信息时代过渡,给人类社会包括图书馆事业带来更为剧烈的变化。

生产力每一次改革所带来的变化几乎都首先体现在劳动工具上。在工业时代,图书馆的存储工具除了传统的书架、书柜之外,还出现了密集书柜和光盘、硬盘等计算机存储设备。电灯作为照明工具的应用,也为图书馆延长每天的开馆时间提供了有利条件。1874年,打字机正式进入市场,随后也成为图书馆员的常用劳动工具。在以手工检索为主要方式的工业时代,目录卡片在非常长的时间里都是图书馆员的一个必备的重要工具。1902年,美国国会图书馆统一编制该馆藏书的印刷目录卡片,并对外发行,对国内外众多图书馆起到表率作用,而后经过杜威的提议,原本大小各异的卡片在规格上得到统一,并于1948年在布鲁塞尔的国际目录学会上被正式批准为国际标准卡片。此外,穿孔卡片设备、纸片打印机等设备开始广泛应用于图书馆的流通管理、订购、统计、编制书卡与期刊收藏目录等工作中。

　　工业时代的图书馆已走上了自动化的发展道路,以计算机的出现为界分为两个阶段。在 20 世纪 40 年代之前,图书馆的自动化发展处于机械化阶段,如以电力作为动力,应用于图书传送和升降,在书库采用手推车以加速图书流通速度,减轻图书馆工作人员的劳动量。当计算机出现后,图书馆的打字机则逐步被计算机所取代,卡片式的手工检索方式也逐渐转向了计算机检索。在图书馆的其他业务工作中,如采购、编目、流通等也都不同程度地应用上计算机技术,这些改变大大促进了图书馆的自动化进程,直至互联网出现,图书馆跨入信息时代后,自动化进程更是日新月异。

　　从劳动对象角度来看,工业时代的图书馆主要表现为对馆藏的管理和为读者服务。对于馆藏的管理主要体现在载体而非内容上。工业化带来科学技术的飞速发展,曾经的个体手工印刷生产方式逐渐发展为机械印刷。从 1845 年起,大约经过一个世纪,各工业发达国家都相继完成了印刷工业的机械化。科技的进步带来出版行业的空前兴旺,图书、报纸、期刊等纸质出版物的出版数量大为增长,音像制品、电子出版物也开始出现并迅速发展起来,带来图书馆馆藏的极大丰富,但纸本的书报刊依然是图书馆的馆藏主体。1838 年,缩微技术出现,采用这一技术的缩微胶片在收藏、保存、利用方面更为便利,使用范围十分广泛,在这一时期的图书馆馆藏中占据着重要地位。

　　工业时代图书馆的服务对象即读者范围发生了重要变化。真正意义上的公共图书馆的出现,意味着图书馆的读者从统治阶层、知识阶层等精英群体扩大为全体社会民众。联合国教科文组织 1949 年发布的《联合国教科文组织公共图书馆宣言》明确指出,"作为一个民有民享的民主机构,公共图书馆必须是依法设立及运作,必须全部或大部分由公费支持,对其所在民众,应不分职业、信仰、阶层或种族,一视同仁,给予以同等的免费服务"公共图书馆的地位日益凸显,成为各类型图书馆中最受关注的一部分。人们不断投入到对公共图书馆事业的发展及其研究上,大致来说,工业时代公共图书馆的理念经历了三个阶段:19 世纪中叶英国图书馆学家爱德华兹的平民化图书馆理念,为和古代公共图书馆区别开来,他将这一时期的公共图书馆称为"免费公共图书馆",强调其服务对象是所有社会成员;19 世纪末20世纪初美国图书馆学家杜威提出了"人民的大学"的理念,为所有读者提供义务教育,强调了公共图书馆的社会教育职能;直至20世纪中叶,《联合国教科文组织公共图书馆宣言》明确提出公共图书馆作为"社会民主保障"的理念和农业时代人们视图书馆为文献保存场所的观点不同,工业时代的图书馆活动已经不再仅限于收藏和利用文献,而是和国家的民主化建设建立了紧密的联系,图书馆成为赋予公众知识自由信息自由权利的象征,而这也成为图书馆精神的核心内容,并一直延续至今。

作为生产力三要素中的劳动者,同工业时代众多新兴行业的发展趋势一样,图书馆的从业人员也开始走向职业化、专业化。在农业时代,图书馆员并无明确的职业特质,只要有一定学识就可成为图书馆员,图书馆馆长也多由学识更为渊博的学者担任,而他们最负盛名的一面往往并不在图书馆领域,更确切地说,他们在图书馆领域的活动更像是一种兼职副业。职业图书馆员的形成是在工业时代。施莱廷格率先阐述了图书馆职业独立的必要性,首次把"图书馆学"作为一门理论学科正式提出,引发了图书馆界人士的热烈回应。1876年9月,杜威在其担任主编的《图书馆杂志》第一卷上发表了著名的"(图书馆)专业"一文,宣布一位馆员可以骄傲地宣称自己所从事的职业是一门专业的时代已经到来。在图书馆员职业化、专业化的过程中,除了图书馆协会、图书馆专业学术期刊的作用,图书馆学专业教育的兴起无疑是促进这一趋势的相当重要的环节。在此之前,图书馆员的知识和技能主要依靠"师徒式"的经验传授或馆员个体的体验积累来获得从19世纪晚期图书馆学正式登上大学讲坛,到20世纪图书馆学专业教育逐渐形成一套较为完整的体系,从最初的职业技能培训到逐渐偏向于重视学问研究,由此出现了图书馆学上著名的"芝加哥学派",一大批图书馆专业人才被培养出来,为图书馆事业的稳步前进不断发挥作用。

工业时代的图书馆发展迅速,图书馆员的队伍迅速扩大,图书馆业务也相应大幅增加,除了文献的搜集保存外,流通服务、读者教育、参考咨询等,新业务开始出现,这就使得图书馆内部的细化分工势在必行。这一时期,图书馆的业务流程主要围绕馆藏对象的搜集、整理、保存和利用展开。面对不断成倍增长的书籍出版物,图书馆员首要的任务就是高效准确地将所搜集的馆藏文献进行分类整理,这就对图书馆员的分类编目工作提出了较高的要求,不但要严谨精确,还要易于查找。因此,分类编目成为这一时期图书馆的核心职业,负责分类编目工作的图书馆员在馆内职业地位最高,很多图书馆界的代表人物都在分类编目方面有所建树,图书馆学科的领军人物也多数都是分类编目方面的专家。如美国的杜威、英国的布朗、印度的阮冈纳赞,以及国内的刘国钧、杜定友等。由此可以看出来,虽然工业时代的图书馆已经开始重视对馆藏文献的利用,但其服务模式依然是以馆藏为中心,相对于图书馆员、图书馆学家的积极活跃,读者尚处于弱势地位。

第三节　信息时代的公共图书馆

互联网的出现可以说给人类社会带来了难以想象的变化,其发展之迅猛胜过种种,虽然自互联网出现至今尚不足半个世纪,但其影响力已远远超过曾持续万余年的农业时代和时间跨度达 300 年左右的工业时代。现在,互联网已经深入到人类社会生活的方方面面,改变了人们的行为模式。而在图书馆领域,以互联网为标志的信息革命所带来的变化更是深刻,新技术的应用让图书馆走向自动化、网络化、数字化,以人为本的办馆理念日益深入人心,服务模式上从以馆藏为中心到以读者为中心,从重藏轻用到藏以致用,图书馆正面临着全方位的转型与重构。

这个多元化、开放的、充满活力的信息时代还在继续,我们正身处其中,尚无定论。因为充满变化,所以能寄放更多的希望。互联网带来的图书馆消亡论逐渐烟消云散,事实证明,图书馆的存在必不可少。

(一)互联网与数字图书馆

互联网的普遍应用,是人类进入信息时代的重要标志。1969 年,出于军用方面的需要,美国国防部建立了互联网的雏形——阿帕网(ARPANET)。1983 年,得到进一步发展的阿帕网被正式命名为"互联网(Internet)",随后,互联网技术以较快的速度不断发展并逐步成熟,但这一时期互联网的应用还较为局限,是由政府出资建设,只有研究部门、学校和政府部门能够使用,网络规模小,人们更多的是利用其进行文件传输以及发送和接收电子邮件。1991年,万维网(www)技术被开发出来,Web页面正式面世,随后直到1994年,商业资本被允许介入互联网建设和运营,互联网才从实验室进入面向社会的商用时期,网络规模快速扩大,呈现井喷式的迅猛发展状态,大批网站相继出现,普通民众也可以通过互联网浏览网页或收发电子邮件。进入21世纪后,互联网已深入到社会公众的日常生活中,Web 2.0时代随着博客、播客等的普遍使用而到来,给人类社会生活带来了革命性的影响。

互联网在图书馆领域的应用较早。自出现至今,互联网的发展已经历了门户网站、搜索引擎和开发平台三个时期,每一次的技术革新都为图书馆带来了进步的契机。门户网站时期,图书馆效仿以Yahoo为代表的门户网站建设自己的主页,大力发展分类导航工具,学科导航建设取得良好的绩效;搜索引擎时期,Google异军崛起,成为第二代互联网的翘楚,在此影响下,图书馆积极发展资源检索工具,如统一检索、跨库检索等;开放平台时期,互联网的先锋则成了Facebook这一类网站,用户的个性化需求得到前所未有的重视,图书馆将开放平台的核心技术——OpenAPI运用到资源集成上,为用户提供一站式服务。

更多的研究者则习惯将互联网的发展分为Web1.0、Web2.0、Web3.0三个阶段,其中,图书馆人最为熟悉的正是当前我们正身处其中的Web2.2时代,并在图书馆领域相对应地提出图书馆2.0(Lib2.0)的概念。从时间上来看,2003年以前的互联网被称为Web1.0时代,2004年至今称为Web2.0时代,Web3.0则是一个正在兴起的、即将到来的时代。简单地说,Web1.0时代的特征是用户单向被动地接收互联网信息,Web2.0时代将互联网的主动权交由用户掌握,可实现在线互动,Web3.0时代更添加了智能因素,其核心理念是人性化、智能化。与此相对应的,在图书馆1.0时代的读者只能被动地接受图书馆提供的服务,如通过图书馆网站进行信息浏览查询等;到了图书馆2.0时代,借助博客、Wiki、RSS、社会化书签、即时通讯的技术和应用,读者已经可以和图书馆进行广泛互动,而不仅仅是被动接受,并在很大程度上影响着图书馆,促使图书馆按照读者的需求提供服务;在图书馆3.0时代,读者与图书馆的联系更加紧密,图书馆发展为智慧型图书馆,与此相关如语义网、RFID技术、Mashup(糅合)技术的应用以及对于UGC(Users Generate

Content,用户生成内容)的筛选性过滤等,这些新一轮的技术将为图书馆服务带来真正的变革,实现资源的有效共享、智能化的情报检索和分析、移动通信设备等多种终端平台的兼容使用等。

互联网对图书馆的影响首先表现在技术层面。从计算机的单机应用,到局域网的出现,再到互联网的产生,图书馆的自动化程度也日益深入。20世纪70年代,美、英、法、德等发达国家都已基本实现用计算机管理图书馆业务,图书馆流通自动化系统、编目与检索自动化系统、采购自动化系统与行政管理自动化系统已在图书馆广泛使用。具体到图书馆中来看,图书馆的采购、编目、检索、流通、行政管理等工作在引入计算机技术后自动化程度得到不断加强,为图书馆的网络化和数字化提供了很好的基础。尤其是在传统图书馆中对技术性要求最强的文献编目和分类检索,当计算机技术应用到图书馆中,编目和分类检索工作所遭受的冲击也最为强烈,从手工操作交由计算机完成,并可借助网络、联盟实现成果共享。随着信息技术和图书馆现代化的发展,编目工作经历了从传统卡片著录格式到现代 MARC 机读目录格式再到新兴的 DC 元数据格式的发展过程;其工作对象也由传统印刷型文献信息资源扩展到广泛的数字和网络信息资源等检索技术也由字段检索、全文检索发展到内容检索——即"根据媒体对象的语义和上下联系进行检索,主要包括基于内容的图像检索、音频检索、视频检索"。

随着计算机技术由单机应用走向机组联网,图书馆的网络化趋势也不断向纵深发展,从地方网络、国家网络走向地区网络、国际网络,在此期间,各图书馆联盟的表现十分引人注目。计算机网络的发展经过了局域网时期和互联网时期,局域网(Local Area Network,LAN)是某一区域内的计算机实现互联,有一定的地理限制,它是封闭的,而互联网(Internet)是开放的,规模最大,可实现全球计算机的互联。互联网突破了空间和时间的限制,因此,在互联网出现后,图书馆网络化以及图书馆联盟的发展更为迅速。20世纪90年代,欧美国家已建立了数量众多的图书馆联盟,进入21世纪后,图书馆之间的馆际合作和资源共享更为普遍,已成为一种通行做法。1997年国际图书馆联盟联合会(International Coalition of Library Consortia,ICOLC)的成立是现代图书馆联盟发展走向国际化的一个重要标志,它是由世界各地的图书馆联盟共同组成,被称为"联盟的联盟",现已有超过 200 家图书馆联盟加入其中。

传统图书馆联盟的合作主要表现在印本文献的馆际互借和文献传递,而基于图书馆自动化技术和网络环境的现代图书馆联盟更强调图书馆资源的共建共享,被认为是网络时代图书馆合作最有活力的、最具可行性的形式 OCLC 就是现代图书馆联盟中最著名、最典型的代表之一。1967 年,OCLC(Ohio College Library Center)成立,第一批成员是美国俄亥俄州 54 所大学的图书馆,1981 年更名为联机计算机图书馆中心(Online Computer Library Center)。OCLC 利用全球网络连接各个图书馆,是世界上最大的图书馆联盟之一,拥有世界上最大的书目数据库 WorldCat。现在,全球大部分的国家和地区超过 7 万所的图书馆都在使用 OCLC 提供的各种服务。联机合作编目是 OCLC 最早的也是最核心的服务,成员馆既可以向 OCLC 上传提供新的书目数据,也可以下载 OCLC 中现有的编目记录为己所用,实现了"一家编目,多家使用"。

而数字图书馆则是以计算机和通信网络技术为核心的多种现代化技术,在图书馆领域综合利用的一大突出成果。数字图书馆概念随着互联网的出现而诞生的,最初问世是在 20 世纪 90 年代初期。简单地说,数字图书馆就是利用互联网或局域网等网络为用户提供数字化信息资源存取服务的机构,也有叫电子图书馆,或虚拟图书馆的。1990 年,美国国会图书馆启动"美国记忆"(American Memory)图书馆数字化试点工程,将馆内资源,包括图书、手稿、照片、录音、影像等,进行系统的数字化处理和存储,并编辑制作成系列专题作品。这可以说是"数字图书馆"早期最有影响力的一个实践。随后在全世界引发了一股数字化建设潮流,"数字图书馆"成为一个新兴名词被广泛传播,各种关于"数字图书馆"的研讨会不断举办,多国陆续开始实施全国性的数字图书馆计划,如 1993 年正式开始的英国 elib 项目和法国国家数字图书馆项目,1994 年启动的加拿大数字图书馆先导项目,1995 年开始的美国国会图书馆国家数字图书馆项目,以及 1998 年日本国立国会图书馆制定的电子图书馆发展计划。1995 年 5 月,美、英、法、德、意、加、日 7 国的国家图书馆在法国成立 G7 全球数字图书馆集团,在俄罗斯加入后则扩展为 G8 集团,其目标是从现存的数字化项目中组织一个大型的人类知识的虚拟馆藏,并通过网络向全球范围内的广大公众提供服务。不久,《数字图书馆杂志》(*D - Lib Magazine*)创刊,并逐渐发展成为数字图书馆领域最为重要的核心期刊。1997 年 7 月,我国开始启动数字图书馆建设,由国家图书馆、上海图书馆、深圳图书馆、中山图书馆、辽宁图书馆、南京图书馆 6 家图书馆共同参与实施了"中国试验型数字图书馆"项目,引起巨大反响,各种大大小小的数字图书馆项目自此在我国如雨后春笋般不断出现,比较重要的有国家数字图书馆工程、国家科技图书文献中心(NSTL)、国家科学数字图书馆(CSDL)、中国高等教育数字化图书馆(CADLIS)等。

进入 21 世纪后,数字图书馆在全球的发展更加兴盛。数字图书馆建设也不再局限于图书馆领域,众多网站、数据库商、出版社等也积极加入到其中。2004 年 12 月,谷歌大手笔启动一项数字图书馆计划,野心勃勃地提出打造世界最大的数字图书馆,尽管过程中一直争议风波不断,但后来效仿者不减反增,更多机构和组织开始了数字图书馆的建设。2009 年 4 月 21 日,"世界数字图书馆"(The World Digital Library ,WDL)在联合国教科文组织总部正式启用,该项目由联合国教科文组织和美国国会图书馆等全球 23 家合作机构共同推出,向全世界用户免费在线提供各种珍贵资源,包括但不限于图书、地图、手稿、乐谱、影片与照片等,这些资源可按地点、时间、主题、条目类型、参与机构进行浏览,也可以英文、中文、法文、俄文、西班牙文、阿拉伯文、葡萄牙文等多种语言进行广泛搜索。可以说,不论从数字图书馆建设还是世界图书馆史角度来看,世界数字图书馆都代表着一个重要的里程碑,它在诸多方面都有所突破,是数字图书馆技术的一个重要发展,同时,世界数字图书馆对开放性的强调也意义重大。

作为信息技术的一个集成性应用,数字图书馆的蓬勃发展促进了人们对相关技术的探索。IBM 公司曾在其提出的"数字图书馆"解决方案中将数字图书馆的相关技术分为五大方面:1. 内容的创建和获取;2. 存储和管理;3. 查询与访问;4. 内容发布;5. 权限管理。创建和获取数字化资源的方式有很多种,如录入、扫描、光学字符识别(OCR),以及针对多媒体信息处理的视音频捕捉等。数据的存储和管理是数字图书馆最为核心的技术问题,其中涉及海量存储的问题。查询与访问主要体现在数字资源的检索方面,目前数字图书馆的全文检索技术已趋于成熟,针对多媒体资源的基于内容的检索技术也有应用,此外跨库检索技术也比较受关注。内容发布则涉及网络协议、媒体特性、易用性、信息导航、语言转换等方面。权限管理即对数字图书馆的知识产权管理,相关技术有数字水印技术、数字签名技术、数据加密技术等。

信息时代数字图书馆技术的发展与应用也经历了一个变化的过程。数字图书馆技术最初是以书目为中心或以图书馆自动化系统为中心,典型成果是网络联机联合编目系统、联机情报检索系统等。随后,数字图书馆技术发展到以资源数字化为中心,主要是扫描技术、OCR 技术、海量信息存储技术、全文检索技术等。目前,数字图书馆技术发展到以资源集成为中心,核心是解决分布式异构数字资源的互操作问题,其代表技术是跨库检索技术、OpenURL 技术、门户技术、元数据收割技术等当然,在建设数字图书馆的过程中,还会遇到更多复杂的问题,如数字化作品的版权保护问题,这在国内外已多次出现,其中最著名的就是谷歌数字图书馆计划侵权案事件,由于涉及的利益方有作者、出版社、图书馆和读者等,这就不仅仅是技术层面所能解决的问题,而必须放在社会和法律层面来进行协商处理。

(二)走向以人为本的图书馆转型

互联网的发展带来图书馆领域的技术革新,促进图书馆的现代化发展,但互联网对图书馆的影响远不仅于此。实际上,人们对于互联网和图书馆的关系有过各种看法。互联网的出现对于图书馆来说是挑战还是机遇? 是终结者还是催化剂? 是让图书馆走向消亡的危机还是促进图书馆蜕变的契机? 图书馆的发展是技术至上还是以人为本? ……这些争论曾经沸沸扬扬,即使到了今天依然时有回响。

图书馆界对现代信息技术的关注由来已久,且空前热烈。早在互联网还未真正社会化的 20 世纪 80 年代,美国的情报学家兰开斯特就提出了"图书馆消亡论",认为随着计算机技术的发展普及,无纸化社会将会来临,而图书馆将不可避免地走向衰落,并可能完全消失。这一观点的出现对当时的图书馆界来说无异于一次大地震。进入 21 世纪后,互联网日益深入到社会公众生活之中,Google 等搜索引擎成为网络日常工具,人们越来越习惯有需要先上网查找信息寻求帮助,一些人开始担心互联网会取代图书馆的功能,由此怀疑图书馆存在的价值。而现在,图书馆再一次遭遇冲击,数字出版即将取代传统出版成为出版市场的巨头,电子资源在图书馆资源中的比重日益增加,图书馆转型的呼声越来越高。正是在这一次次的争论中,人们尤其是图书馆人展开了广泛而深刻的思考,图书馆的使命是什么,图书馆为什么存在,图书馆将向何处去……以挖掘图书馆更为本质的层面。思索的同时,图书馆人也在不断实践,坚定地探索着图书馆的发展之路。

1994 年联合国教科文组织和国际图联《公共图书馆宣言》(*Public Library Manifesto*)的发布毋庸置疑是一个重大事件。随后,1999 年联合国教科文组织和国际图联发布《学校图书馆宣言》(*UNESCO/IFLA School Library Manifesto*),2001 年,双方再次合作制定了《公共图书馆服务发展指南》(*IFLA/UNESCO public library service guidelines for development*)。2010 年 2 月,国际图联对《公共图书馆服务发展指南》进行修订后出版了第 2 版,名字改为《公共图书馆服务指南》(*IFLA public library service guidelines*)。这些文献对图书馆的使命、目标、图书馆赖以建立的法制与财务框架、用户需求的满足、馆藏发展、人力资源、图书馆管理、图书馆营销等做出了翔实的指南,提出了对世界各国各地区图书馆都具有较高适用性的基础性原则,对后来的图书馆发展发挥了巨大的参考指导作用,而其最为重要的一点,就是对图书馆人本精神的倡导。

图书馆的人本精神可以简要概括成:以人为本是图书馆根本精神之所在,图书馆是人的图书馆,人是图书馆的第一要素。当今人们已普遍认同,图书馆是国家和政府为保障公民自由、平等地获取信息和知识而进行的制度安排;最大限度地满足每一位公民(读者)对信息和知识的需求,是图书馆义不容辞的责任。在这些文献中,1994 年的《公共图书馆宣言》无疑是最重要的纲领性文献,被视为"世界图书馆宪章",随后出现的关于图书馆的其他文献都与其保持着高度统一的原则和立场。1994 年《公共图书馆宣言》指出:"公共图书馆是开展教育、传播文化和提供信息的有力工具,也是在人民的思想中树立和平观念和丰富人民大众的精神生活的重要工具。""公共图书馆应不分年龄、种族、性别、宗教、国籍、语言或社会地位,向所有的人提供平等的服务。"并提出,"要求世界各国及各地的决策者和全体图书馆工作者实施本宣言中的各项原则"。

　　联合国教科文组织和国际图联的《公共图书馆宣言》为世界各个国家和地区的图书馆法制建设提供了参照,进入信息时代后,多个国家或制定或修订了相关的图书馆法律法规或纲领性文献,除了大力发扬以人为本的图书馆核心精神,还特别凸显出了信息社会的时代特色,而且在适用范围上也普及到了各类各级图书馆,不仅限于公共图书馆或学校图书馆。继 20 世纪 80 年代,美国相关法规将图书馆定位为信息中心后,1996 年美国颁布的《图书馆服务与技术法》(Library Services and Technology Act,LSTA),进一步强调通过技术手段加大对信息的利用及通过特殊服务扩大信息的提供范围。2000 年丹麦的《图书馆服务法》(Act Regarding Library Service)提出"网络综合图书馆"概念,建立以互联网为基础的综合性联盟目录,促进馆际互借服务。2006 年,韩国对其《图书馆及读书振兴法》进行修订,更名为《图书馆法》,指出:图书馆是国家核心知识机构,也是国民体验生活和学习的空间,通过对知识信息利用能力的提高,图书馆应当成为消除知识鸿沟的场所。同时确定建立直属总统的图书馆信息政策委员会和"国立残疾人图书馆服务中心"和这些国家相比,我国在图书馆法制建设方面较为滞后,《公共图书馆法》立法工作在 2008 年 11 月正式启动,目前已公布征求意见稿,未来任重而道远。

　　纵观近现代世界各国图书馆的发展,美国图书馆界无疑是一直走在前面。20 世纪两次世界大战的战火让欧洲、亚洲、非洲等地满目疮痍,毁于其中的图书馆不计其数,而美洲大陆则幸免于难,图书馆事业得到快速发展,即使在经济危机时期经费遭到削减,但图书馆的作用却更加凸显,失业民众纷纷涌进图书馆学习提高就业技能,或查找求职信息。进入信息时代后,作为全球图书馆事业发展最为发达的国家,美国在图书馆领域的领军地位更加巩固,不但在技术上一路领先,在图书馆以人为本精神的倡导实践方面也一直是其他国家和地区的典范。1995 年,美国图书馆协会发布《美国图书馆事业发展 12 条宣言》,指出:"图书馆尊重个人价值。图书馆要向每一个人、每一种思维方式打开方便之门。"1998 年,美国图书馆协会委员会确立了图书馆发展的 5 个关键行动领域(Key Action Areas),即多元化、存取公平、教育与持续学习、知识自由以及 21 世纪素养。随后,美国图书馆协会陆续发布了一系列战略计划,包括美国图书馆协会 2000 年目标(ALAGoal 2000),美国图书馆协会 2005 行动计划(ALA Action 2005),美国图书馆协会走向 2010 年(ALA Ahead to 2010),及其最新发布的美国图书馆协会 2015 战略计划(ALA2015),并将原来的 5 个关键行动领域进行扩充发展,确定为 8 大关键行动领域——多元化;公平地获取信息和图书馆服务;教育和终身学习;知识自由;图书馆宣传和专业化;扫盲;组织优势;图书馆转型。

图书馆转型是当前图书馆事业的重要课题,而转型的主导方向就是走向以人为本的图书馆。阮冈纳赞曾提出,图书馆是一个不断成长着的有机体。图书馆服务于人的知识需求,当随着社会发展,人的需求出现变化时,图书馆也必然要随之发生转变。从图书馆诞生到现在的数万年间,图书馆已经早不是最初的样子。而在信息时代,图书馆的改变尤为明显,显然,这种改变最大的特点就是走向以人为本。吴建中在《转型与超越:无所不在的图书馆》一书中指出,当前的图书馆正处于以纸质资源为主体的旧范型向以数字资源为主体的新范型转型的时期,只有坚持以人为本,以需求为主导,才能与时俱进,与不断变化的环境相适应。并细致地分析了与传统图书馆相比,现代图书馆的工作是如何向以人为本的方向演变的。

在采访环节,从重视图书本身价值转向根据对书的需求进行选书,编目工作由图书馆本位发展到读者本位,联机公共检索目录(OPAC)一开始仅包括书目信息、订购信息、馆藏与流通记录等,后来随着 Web 2.0 的发展,更多的图书馆将数据库、互联网资源以及读者评价、意见和书评等融入联机公共检索目录,使得该系统更加贴近用户的信息需求和检索习惯。美国国会图书馆已经于 2013 年 3 月 31 日实现馆藏全部采用 RDA 编目。RDA 可以将作者同一本书的不同版本、翻译、改编等整合在一起,适用于不同国家不同语种。其他如加拿大国家图书馆与档案馆、德国国家图书馆、澳大利亚国家图书馆等越来越多的图书馆也都在积极实施或计划将 RDA 引进图书馆编目体系。图书馆的分类工作也在向用户本位发展,目前,美国已有一些图书馆开始放弃杜威分类法,而改用更便于读者浏览的方式对图书进行排列设计。

在图书馆直接服务于读者的工作方面,人的因素更是发挥着重要的作用,可以从分别代表外借、阅览和参考服务的电子书外借、共享空间和虚拟参考这三大服务项目的发展上看出来。信息时代的人们对网络资源的需求十分强烈，网络下载量不断飙升，速度惊人。规模最大的电子书发行商 Over Drive 公司表示，在 2011 年，Over Drive 的图书馆目录共有 16 亿次的访问量，比前一年增长了 130%。美国公共图书馆 2011 年 12 月的电子书借阅需求与上一年同期相比增长了一倍，而波士顿公共图书馆则增长了 3 倍。而不同主题共享空间的出现也显示了信息时代图书馆发展的一大趋势，有效地发挥了图书馆作为知识导航的功能，对图书馆建筑设计的影响非常大。虚拟参考服务在 20 世纪末的美国首开先河，借助网络即时通信技术的应用，图书馆员实现了网上实时回答读者提出的问题，目前，人们不再必须到馆才能获取图书馆的咨询服务，还可以通过电话、电子邮件、在线提问等方式得到图书馆员的帮助。1999 年 9 月，全美只有 5 家图书馆开展实时的虚拟参考服务，而到 2001 年的 3 月，全世界开展这一服务的已经有 200 多家，其发展之迅速可就此略窥一斑。

(三)生产力视域下的信息时代图书馆

信息时代的图书馆中，作为生产力三要素的劳动工具、劳动者、劳动对象都发生了翻天覆地的变化，呈现出与传统图书馆截然不同的发展面貌。

劳动工具方面，计算机已在图书馆各工作环节得到利用，互联网的重要性日益凸显。人与人的交流互动突破了时间、空间的限制，任何时间、任何地点，只要有计算机、互联网，就可以进行。图书馆员可以通过互联网采购馆藏资源，提交或下载编目数据；读者可以通过互联网查找所需资料，咨询问题。有了互联网的存在，图书馆的采编工作和过去相比大为简化，对人力的需求骤减，很多图书馆甚至将编目等业务外包出去，图书馆工作的重心发生转移，在此基础上，部门设置也发生了变化，一些部门被裁减，而新的部门相继出现。传统图书馆的核心职业为分类编目，故单设采访部、编目部等，而进入信息时代后，人们对信息服务需求逐渐增强，文献检索随之逐渐取代文献分类编目成为图书馆职业核心，原来分开单设的采访部、编目部合为一个部门，并且新出现了负责图书馆计算机网络的部门。而当 Google、百度等搜索引擎发展起来后，图书馆文献检索又开始快速边缘化，社会交流成为新的图书馆核心职业,许多图书馆顺应此趋势设立公关部、推广部等负责社会交流工作。另外,图书馆内部的工作沟通、联系也可以通过计算机网络自由实现,促使图书馆的组织机构发生了深刻变化——由以前的多层塔式结构正逐步转变为扁平组织结构,从而减少了管理层次,扩大了管理跨度,降低了图书馆运营成本,提高了效率而在可预见的未来,因为更多新科技的应用,图书馆将更加智能化、人性化,图书馆将成为"活"的图书馆。例如,现在的虚拟参考服务还需要有个图书馆员在线提供服务,而在智慧型图书馆可能计算机本身就能对读者的问题进行智能分析解答,做到有问必答而不是答非所问,从而让更多的图书馆岗位实现无人化运营,让更多图书馆员可以从低层次的工作中解放出来,去做更高层次的工作,最终促进图书馆事业的更快发展。

馆藏的存储工具更加多样。由于馆藏包括印刷品资源和数字资源,而且数字资源的分量在不断增加,网络虚拟存储工具,如网盘、云存储等也得到发展。同时,馆藏资源的传输工具也发生了较大改变,自助借还书系统已在一些图书馆得到应用。从条形码到 RFID 技术的应用,图书馆流通环节的工作效率大大提高,不但读者得到便利,也让更多馆员能解放出来从事其他工作,如参考咨询等。另外,现在延伸服务已得到各图书馆的十分重视,很多图书馆已开展送书上门服务,为读者尤其是残障人士带来极大便利,其他还有流动图书车、设于街头路口的书亭、24 小时自助借还书设备等,使得图书馆可利用的传输工具越来越多样。而数字馆藏的传输已可完全通过网络虚拟工具实现,即图书馆在网络上为读者提供下载服务,这一新的发展趋势正受到越来越多的关注。随着传输工具的发展,图书馆的影响力辐射范围越来越大,并突破了物理空间的限制。过去,读者只有到馆后才能得到图书馆的服务,导致图书馆的影响力被局限在建筑物内或以建筑物为中心的一定区域内,而在信息时代,即使读者与图书馆横跨地球两端,读者没有去过图书馆,也能通过网络获得图书馆的服务,如,电子书下载以及虚拟参考服务。

信息时代的图书馆中,劳动者不仅仅是指专业的图书馆员。按照国际标准,图书馆的工作人员可分为四大类:专业图书馆员;图书馆助理;专业技术人员;辅助人员。信息时代带给图书馆工作人员的一大改变是,计算机人员作为图书馆的专业技术人员不可缺少,另一方面,信息素养已成为图书馆员的职业知识结构中的必要组成,无论是编目、数据录入、网络检索还是多媒体服务,都离不开计算机、网络等方面的知识。尤其是对于专业图书馆员来说,必须具备较好的获取、分析、处理信息的能力,这就需要涉及图书馆学、教育学、信息学、管理学等多学科的知识。过去,图书馆员是追求专才,而信息时代的图书馆人才开始要求向通才发展,即复合型人才。例如,现在的编目人员不但要在自己专业上不断学习,了解掌握最新的编目发展趋势,还必须"要努力熟悉并积极深入借阅服务以及参考咨询等一线服务,在与用户的交流中了解用户的实际需求与信息习惯"。图书馆员最好有图情专业之外的学科知识作基础,以美国为例,其图情专业教育主要是培养硕士和博士两个层次的人才,在图书馆工作的专业图书馆员必须有图书馆学的硕士学位,也就是说,美国的专业图书馆员在图情专业之外还掌握了至少一门以上的其他学科知识。

当然,比图书馆员的业务技能素养更为深刻、更为核心的,是图书馆员理念观点的变化。信息时代的图书馆是以人为本的。我国颁布的《公共图书馆服务规范》指出:"公共图书馆是公共文化服务体系的重要组成部分。公共图书馆服务规划应体现出公益性、基本性、均等性和便利性。""公共图书馆服务应体现以人为本的原则,通过就近、便捷、可选择、温馨的服务,不断改进服务质量,统筹兼顾服务资源、服务效能、服务宣传、服务监督与反馈,促进服务的全面协调可持续发展。"2008年中国图书馆学会发布的《图书馆服务宣言》指出:"图书馆是通向知识之门,它通过系统收集、保存与组织文献信息,实现传播知识、传承文明的社会功能。现代图书馆秉承对全社会开放的理念,承担实现和保障公民文化权利、缩小社会信息鸿沟的使命。我国图书馆人经过不懈的追求与努力,逐步确立了对社会普遍开放、平等服务、以人为本的基本原则。"目前,人们正越来越认可这一理念,以人为本的图书馆发展中,"人"不仅仅指读者,而是有着更加广泛的内涵,读者和馆员是"人"的两大中心,以读者为本必须通过以馆员为本来实现,专业图书馆员是图书馆的第一资源,也是最有价值的资源图书馆是作为社会公益性质的文化服务机构,服务是图书馆的核心价值观,图书馆员的职业使命就是服务于读者,做好信息导航。因此,要想成为一个优秀的图书馆员,不仅要具备过硬的业务技能,在专业上与时俱进,还必须确立良好的服务精神,树立"读者第一,服务至上"的职业观念,为读者提供满意的服务。

如前文所述,在信息时代,"以人为本"是图书馆发展的新趋势,人本精神体现在了图书馆工作中的每一个环节,或许图书馆不再是读者获取资源、信息和知识的首要渠道,但图书馆的社会文化功能、咨询功能却在不断强化。因此,从这方面来分析图书馆的劳动对象的话,读者的重要性更甚于馆藏。工业时代的传统图书馆是以纸质文献为主,一切工作都围绕馆藏开展,为读者提供的服务也是基于馆藏而展开,现代图书馆则不然,人成为一切工作的中心,图书馆的服务是基于读者需求而开展的。读者需要什么样的资源和服务,图书馆就提供什么样的资源和服务;读者在哪里,图书馆的服务就延伸到哪里。

互联网进入图书馆以来,数字资源在图书馆的馆藏中的数量、地位都日益提升。和纸质文献相比,数字资源的类型更为丰富,包括电子书、电子报纸、电子期刊、数据库、光盘、电子文件、电子文档、参考工具、舆图、音乐、摄影,等等。由于科技的进步,互联网的普及,各种信息呈爆炸式增加,知识的更新换代越来越频繁。有数据显示,全球信息量每两年翻一番,2011年全球生产的数据量达1.8ZB。而这一速度还在不断被刷新着,没有哪一个图书馆能全部储存这些信息。美国国会图书馆负责战略计划部副主管Laum Campbell早在2008年就指出,网络时代的来临给国会图书馆提出了新的挑战,全世界每15分钟创造出的信息数量就相当于国会图书馆馆藏(1.38亿册)所有数据和信息的总和。因此,馆藏发展战略之类的计划对现代图书馆来说就显得尤为重要。在不能全部兼收并蓄之后,图书馆必须要思考:如何选择馆藏? 馆藏为什么而藏?

显然,在纸质文献和数字资源的比较中,它们各有优劣。数字资源无须占有太多物理空间,传送迅速,可以无限复制下载,利用起来更加方便。纸质文献也有其不可替代的优势,储存麻烦,但更易长期保存,携带有限,却在阅读时无须借助任何工具,目前依然还有很多人保留着纸质阅读的习惯,比起电子屏幕,他们更喜欢拿着纸书阅读。因此,虽然数字资源增长之快已前所未见,但还是无法完全取代纸质文献,基于此,现代图书馆藏中呈现纸质文献与数字资源并重的发展状态。另一方面,现代图书馆还对过去传统图书馆经常忽略的一些资源,如非结构化资料、零次情报、灰色文献等,投入了更多的关注。图书馆中的非结构化资料包含正式文献以外的所有文献信息,如残本、散页、手稿等;零次情报包括未形成文字材料的口头交谈,以及未经正式发表的原始文献;灰色文献则指不受商业出版者控制,而由各级政府、学术单位、工商业界所生产的各类印刷与电子形式的资料。尤其是对于互联网上高品质灰色文献的深度挖掘、保存、管理、呈现、利用,目前已经得到了世界各国图书馆界的较大关注和重视 2000 年 12 月,美国国会授权国会图书馆领导实施国家数字战略行动——国家信息基础设施和保存计划,国会图书馆通过该计划领导全国数字信息长期保存任务,并与美国重要政府部门和拥有收集与保存数字内容专长的实体进行合作,还鼓励民营机构参与此项计划。2006 年 6 月 1 日,由欧盟第六框架计划和英国联合信息系统委员会共同资助的为期四年的“网络服务中的保存与长期存取”项目正式启动。2007 年,大英图书馆实行“电邮英国”(email Britain)计划,向民众征集 100 万封个人电子邮件,制成档案库,已备后人了解当今文化生活及社会万象。而我国国家图书馆也有类似项目。

在以人为本的发展指向下,图书馆馆藏为何而藏的答案就很明显了,读者的需求决定一切,“为用而藏,藏以致用”成为信息时代图书馆的馆藏发展方针。作为现代图书馆的服务对象,读者,或者说“用户”“利益相关者”的覆盖范围日益广泛,甚至也将图书馆自己的员工包含在内这样一种大开放、可持续发展的观念给图书馆的发展带来巨大影响,人们对图书馆责任、价值的认知到达了前所未有的视野。“从服务馆内读者到服务广大利益相关者,变化的不仅仅是形式,而且是整个流程、体系以及服务理念,需要图书馆重新定位、重组机构和流程,以适应不断变化的社会环境和用户需求。”

第二章 公共图书馆转型现状与发展

中国是一个农业社会、工业社会和信息社会并存的国家,而且正处于一个从农业社会向工业社会与信息社会不断嬗变和突变的时代,中国的一切问题都与此相关。与中国社会发展变迁现实相适应,中国的公共图书馆也正经历着从农业时代的图书馆向工业时代的图书馆与信息时代的图书馆不断嬗变和突变的过程,目前的公共图书馆的组织机构呈现出三个时代混同并逐步向信息时代过渡的特点。公共图书馆的转型与发展正是在这样的背景下发生的。

公共图书馆转型与发展当然有其政治、经济、文化、社会与技术等宏观背景,而就中观背景而言,公共图书馆的转型与发展的外在驱动是读者和用户需求的变化,内在驱动则是其核心业务的变化。核心业务的变化引起或者促进了图书馆组织机构、服务方式、运营模式、建筑设施、文化与功能定位的变化,因此分析和研究现实中图书馆的转型与发展须抓住核心业务这个关键。

第一节 核心业务的变迁

由于受政治、经济、文化、社会与技术等因素特别是出版技术的影响,不同时代公共图书馆有着不同的馆藏主体,而馆藏主体的变化又导致了核心业务的不同。

农业时代和工业时代,尽管出版技术有过从手工刻写到雕版印刷、从雕版印刷到活字印刷等几次大的演进和变革,书籍的形式也从龟甲、兽骨、竹简、帛书一直发展到印本,但其本质并没有发生质的变化,依然是实体文献。因此,几千年来,图书馆的馆藏主体一直是实体文献,图书馆的核心业务全部围绕实体文献展开,其业务流程并没有发生过质的变化。当然,由于出版技术的局限,在雕版印刷术出现之前,书籍的"出版"全部依靠书写者一笔一画刻写出来,批量"出版"非常困难,社会上书籍甚少,图书馆馆藏亦然不大,这时的图书馆核心业务流程的展开以一种个体劳动、手工作坊为主要特点。在雕版印刷术和活字印刷术发明之后,书籍的批量出版成为现实,虽然由于雕版和活字全凭手工制作,书籍尽管能批量出版,数量有限,但毕竟比以前手工刻写时代图书数量大为增长,图书馆的核心业务虽然还是围绕实体文献展开,但已经开始超越农业时代早期的个体化、作坊化的特点,逐渐发展成为一种工业时代的带有流水线性质的作业方式,特别是进入工业时代以后,这种具有现代工业性质的流水线的作业方式发展越来越成熟,并演变、划分为若干环节,以提高效率。但是,无论如何发展,均没有脱离开实体资源这个核心来开展业务。

(一)工业时代图书馆的核心业务流程

农业时代图书馆与工业时代图书馆的馆藏主体均为实体文献,业务流程均围绕实体文献展开。与农业时代图书馆相比,工业时代图书馆发展更为成熟,其以实体文献为馆藏主体的业务流程发展更为完备。因此,研究和分析工业时代图书馆核心业务流程很具代表性。

"图书馆业务员工作是以图书文献为工作对象,以读者服务为目标,以传递文献信息为手段的一种服务过程。从搜集文献开始到把馆藏文献传递给读者,包括许多工作环节,各工作环节相互联系、相互制约,形成一个开放的图书馆工作体系。图书馆业务工作体系由文献的收集整理和文献的传递使用两大系统组成。"

从上图可以清晰地看到,传统图书馆核心的业务工作就是围绕实体资源的搜集、整序、利用展开的。其中核心的工作岗位是采访和编目,尤其是编目工作,一则因为编目规则复杂,二则大多数的标引和著录工作都逐步采用计算机来做,是传统图书馆中技术含量最高的工作,因此与编目相关的岗位也就成为传统图书馆的核心岗位。可见,编目是传统图书馆业务流程的中心环节,它既是文献搜集整理的后续环节,又是文献利用的基础和前提,起着承上启下的作用。从本质上来讲,传统图书馆业务流程的两个环节——搜集整理与传递利用也是信息时代图书馆业务流程的两个环节,虽然如此,其内涵却大为不同。传统图书馆业务流程所处理的对象是文献,具有一定的物理形态,是实体性的对象,其单元是整本书、整本刊或者整份报纸,标引著录都是围绕文献的外部属性进行,而没有深入到文献的内部。文献的传递利用也是基于整本书、整本刊或者整份报纸进行,虽然复印技术的发明使得图书馆可以为读者提供其所需文献的部分内容,但这种情况仍然不能改变传统图书馆对文献利用的整体性和宏观性。

(二)信息时代图书馆的核心业务流程

信息时代图书馆面临的最大变化是馆藏结构的变化以及由此引起的核心业务流程的变革。传统图书馆时代是实体资源主导的时代,图书馆的馆藏主体由实体的图书、期刊、报纸、音像制品构成,虽然也有广播电台、电视台播放的电视、广播节目,但受技术条件的制约,图书馆并没有将声波纳入自己的馆藏,如果图书馆需要收藏某些视听资料,也是通过影带、磁带、唱盘、碟片等记录有信号的实体形式收藏的。而信息时代最大的变化是出现了虚拟资源,数字出版技术的发展更使得以互联网为载体的数字文献发展日益迅猛,而数字文献中原创灰色数字文献发展更为迅猛,其数量庞大,质量日益提高,并且在学术领域、管理领域、经济领域与社会生活领域中的运用日渐深入。这种背景下,图书馆的馆藏结构正在发生着深刻的变化,一方面数字文献在馆藏结构中所占比例越来越大,另一方面数字文献中灰色文献所占比例越来越大。数字文献在整个馆藏中的比例将会超过实体文献,而数字文献中的灰色文献的比例将会超过数字文献中的白色文献。在我国公共图书馆中,数字资源的重要性正在不断增强,这表现在诸多方面,如文化共享工程、数字图书馆推广工程在公共图书馆的大力推进,公共图书馆自建数字资源的大量涌现,公共图书馆在数字资源方面的投入不断增加。这种发展趋势近年来日益强烈,机构用户达3万家的全球最大图书馆电子书服务商 Over Drive 2014 年统计数据显示,其电子书、有声读物等数字媒体流通量比之前上涨了 33%。而据《上海图书馆"十二五"规划》指出,到 2015 年,其数字资源经费总量占比将从 2011 年的 9.26% 提升到 20%。

如果说上述举措只是调整实体资源与数字资源之间的比例,那么对于灰色文献的搜集、整理和利用则深刻地影响着数字资源内部白色文献与灰色文献的比例。特别是最近 20 余年互联网的迅猛发展,使得灰色文献的发布有了一个非常广阔的平台,学术动态、会议资料、技术报告、商业文件和政府文件等许多类型的原创灰色文献都通过互联网首先发布,因此,对于以互联网为载体的灰色文献的搜集、整理和利用现在成为国内外图书馆界的一个热点课题。2000年,美国国会图书馆推出了密涅瓦(Mapping the Internet Electronic Resources Virtual Ar-chive,MINERVA)网络档案计划,这一计划成为后来的美国国会图书馆互联网档案(The Library of Congress Web Archives,LCWA)项目,该项目是按照学科专家选择的特定主题的互联网站点的存档,是国会图书馆评估、选择、收集、编目、提供存取和保存数字资料以便为后代研究者提供使用所做的持续努力的一部分;LCWA已经建好的互联网档案包括:美国第107届国会档案、美国第108届国会档案、苏丹达尔富尔危机档案、国会图书馆手稿部互联网档案、2005年教皇职位交接档案、2001年911档案、美国2000年选举档案、美国2002年选举档案、互联网图像档案。2004年6月,在英国国家图书馆的领导下,包括英国国家档案馆、威尔士国家图书馆、苏格兰国家图书馆、联合信息系统委员会(Joint Information Systems Committee,JISC)、维康信托基金会(Wellcome Trust)共计6家机构成立了英国网络存档联盟(UK Web Archiving Consortium,UKWAC)。UKWAC保存的互联网资源包括如下学科:艺术和人文学科、政府和政治、参考工具、商业和经济、健康、科学和技术、教育和科研、新闻和传媒、社会和文化。此外,澳大利亚国家图书馆、法国国家图书馆、北欧各国的国家图书馆、中国国家图书馆等世界许多国家均开展了互联网资源的长期保存项目。

信息时代图书馆业务流程所处理的对象是一种与传统的实体文献不同的数字文献,这种文献具有非实体性、虚拟性等特点。业务对象的这种变化对于图书馆业务流程的构建产生了相当深刻的影响。传统图书馆时代,图书馆业务流程的两大阶段——搜集整理与传递利用,各自又可以划分为若干小的环节,例如搜集整理阶段可以划分为搜集、加工和典藏三个小环节,传递利用阶段又可以划分为了解需求、提供服务和服务效益评价,而提供服务则包括外借、阅览、复制、馆际互借等诸多具体形式和手段。这些具体环节在物理上是可分的,图书馆的组织机构建制则与其对应,有采访、编目、典藏、阅览、外借等各种部门。所有这些都是建立在实体资源这一业务对象的基础之上,一旦实体资源转变为虚拟资源,情况就发生了很大的变化。在虚拟资源时代,传统图书馆基于实体资源划分的业务流程各个环节之间的界限正在逐渐模糊甚至消失,直至相互融合。例如,在搜集整理阶段,以图书为例,搜集就表现在对图书的采选、购买,加工则体现在对所购图书的验收、查重、分类、编目的诸多环节上,而典藏则体现在上架、盘点等环节上,这些环节在物理上是可分的,在空间上也是可分的;但是在虚拟资源时代,情况却大为不同。虽然从本质上讲,对虚拟资源的搜集整理也可以分为搜集、加工和典藏三个环节,但在实际工作中,这三个环节却是一体化的,不像在实体资源时代不同环节的工作有不同部门不同岗位来完成,虚拟资源时代诸多环节的工作基本上是由同一个岗位来完成的。我们以互联网资源搜集整理为例,典型的业务流程是这样的:

①搜集环节:通过各种途径在互联网上发现所需要的内容即对象数据。

②加工环节:对对象数据进行元数据标引。

③典藏环节:将标引后的对象数据发布入库。

在实体资源时代,上述三个环节的工作必定需要三个岗位来完成,因为在三个环节中实体资源并不固定在一个物理空间,业务流程的完成伴随着实体资源的流转。在虚拟资源时代,上述三个环节的工作需要一个岗位就可以完成了,因为三个环节中虚拟资源实际上"固定"在一个物理空间的——工作人员用的计算机中,当然这仅是对工作人员而言,实际上虚拟资源可能存放于不同国家的不同服务器上,但是就对工作人员而言,他并不需要去虚拟资源所在的服务器那个地方才能工作,他只是一直待在自己的岗位上就能处理这些虚拟资源,完成工作,所以我们说虚拟资源是"固定"在一个物理空间中的,因此,业务流程就可以在一个物理空间由一个岗位来完成。这种情况下,如果人为地将三个环节像实体资源时代那样硬性划分为三个岗位来做,效率和效果等不是很好的。不仅搜集整理阶段如此,就是传递利用阶段也是如此,甚至传递利用和搜集整理也可以融合在一起。

(三)核心业务的变迁

1. 工作重心由"藏"向"用"的嬗变

"藏"与"用"的关系一直是图书馆发展变迁的内在矛盾,推动着图书馆不断前进,在不同的历史阶段,藏与用的关系有所不同。传统图书馆时代的两个历史阶段中,农业时代图书馆以藏为主,以用为辅,工业时代图书馆则是藏用并重,而信息时代图书馆则更加强调用。这种变化的原因在于环境变迁对于图书馆的影响。由于信息技术、出版技术和互联网技术的发展,信息时代是一个资源急剧膨胀的时代,包括实体资源、虚拟资源在内的各种载体的资源日趋丰富,各种类型的出版商为图书馆提供了大量高品质的资源,从而使得图书馆的馆藏有了相当大的增长,而图书馆经费的增长也为图书馆馆藏的增长奠定了坚实的物质基础,因此,信息时代图书馆对于藏与用的关系的看法也发生了本质的变化,在传统图书馆时代,由于各方面条件的制约,"藏"一直是图书馆工作的重心所在,而信息时代这种情况正在发生着变化,"用"逐步取代"藏"而成为图书馆工作的重心所在。例如,索传军认为,图书馆的本质至少包括两个方面,其一是对文献和信息的积累和序化,把无序的文献知识变成有序化;其二就是解决用户获取的问题,从哪里获取,如何获取;图书馆在积累、序化和获取的基础上,应该更加关注用户对获取知识的利用问题。

同时,"用"的内涵和外延在不断丰富和拓展。传统的"用"主要是指对图书馆书报刊等馆藏资源的利用,现在的"用"则拓展为对包括书报刊、数据库、馆舍、人员等图书馆所有资源的利用。不少图书馆除了广泛深入地开展图书馆信息服务、知识服务等基于馆藏资源的常规服务之外,还开展了市民讲座、小学生托管、职业介绍、读者沙龙等各种形式的非常规服务,并使之逐步成为图书馆的常规服务项目。读者和用户对图书馆的利用成为一种广义上的对图书馆硬件、软件、资源、人员等所有资源的利用,而不是狭义上的对馆藏资源的利用。这种实践上和理念上的变化,使得图书馆在进行绩效评估时摆脱了以馆藏资源利用率为导向的局限,而着眼于以图书馆整体资源利用率为导向的辩证绩效考核理念。

2. 文献单元颗粒度越来越小

基于馆藏资源开展的文献服务,是图书馆的一种常规的基础服务。受制于技术发展水平的局限,传统图书馆的文献服务单元颗粒度很大,是基于整本书、整本刊或者某期报纸展开的。服务的形式是以上述文献单元的借阅展开的,充其量对其中的部分章节提供复印服务。除了个别的高级咨询服务有可能通过高级馆员深入文献内部之外,其余的服务基本上是深入不到文献内部的。信息时代,技术的发展使得图书馆文献单元的颗粒度越来越小,馆员可以很方便地深入到文献内部,为读者和用户提供针对性更强的服务。如果说传统时代图书馆的文献单元的颗粒度是一本书、一本刊或者一期报纸，那么，现在图书馆的文献单元的颗粒度可以是某一章节、某一段落、某一句话甚至某个词。这种变化使得图书馆有可能在"用"的领域做出更有成效的工作。索传军认为："如何把馆藏文献从系统中释放出来，然后加以碎化，加工成若干个'知识片段'，或是有些人说的知识元，知识片，知识原子等。将粗颗粒的文献，加工成细小颗粒的知识元，然后把它提供给用户，使用户能够更方便、直接地获取他所需要的东西或者能解决问题的知识，也许图书馆学会有更大的新的发展空间。现在图书馆学关注的还是文献的表面现象，还离不开MARC，对文献的管理还停留在文献的表面，所以有人说图书馆学是研究书皮的学问。目前，图书馆管理的是文献，提供的是文献服务，而不是知识服务。如果要开展知识服务，就要深入到文献内容之中，对文献进行多层次的揭示、组织管理，促进用户对其内容的创新性利用"。

3. 图书馆的文化教育职能不断强化

除信息职能这一核心职能之外，传统图书馆时代就肩负着一定的文化教育职能。如果说传统图书馆的核心业务和职能在互联网时代发生了深刻的变化，那么图书馆的文化教育职能在互联网时代不仅没有削弱，反而得到了进一步强化，这一点已经为大多数公共图书馆的发展实践所证明。互联网时代是一个多元化的时代，面对社会转型期民众的多元需求、多元价值以及社会的多元体制机制，公共图书馆的功能也同样面临完善。作为公共文化场所，图书新馆须通过高层主题论坛、系列文化讲座、展览、阅读、征文等多元化的公共文化主题活动，不断强化自己的文化教育职能来吸引和影响民众

4. 图书馆的价值导向作用日益凸显

信息时代图书馆所处的环境比之传统时代有了非常大的变化，一方面图书馆已经不是社会上少数拥有知识和资源的机构，另一方面读者获取信息和知识的手段和途径也大为丰富，在某种程度上，图书馆对于读者和用户的吸引力在日渐下降。但是，在建设社会主义公共文化服务体系的过程中，图书馆又担负着文化价值引领的重要职责和使命。文化引领是图书馆的核心价值所在，尤其是在信息时代

这样一个信息爆炸的时代更是如此。图书馆应很好地发挥文化引领作用，通过引导读书，关注社会学术成长，使得到图书馆的人越来越多，爱好读书的人越来越多，从而使一个区域的学术之风建设起来，民风也就随之淳朴起来，社会也就积极向上了。这就是文化引领，这就是图书馆的文化软实力

第二节　组织形态的变迁

图书馆业务流程与核心业务的变迁，对于图书馆组织形态产生了直接和深刻的影响。业务对象变化引起的业务流程的变化导致了图书馆组织形态的扁平化和大部制的发展趋势，而业务重心的变迁导致了营销部门在图书馆建制中作用越加凸显的趋势。

（一）扁平化

传统时代图书馆的组织形态多采用塔式结构，层级较多，一般情况下，多数图书馆的组织结构为"馆长—副馆长—部门—室—小组—馆员"，按照塔式结构的管理规则，组织内部每一级领导不能越级管理下下级，同样组织内部每一级工作人员也不能越级向上级汇报工作，这种刚性的层级管理结构，很难适应这样的一个变化的时代，效率比较低下，而且横向联系薄弱、协调困难。传统时代图书馆的组织形态之所以采用塔式结构，是因为受到组织内部协同工具的制约。传统时代组织内部的协同工具主要就是工作会议、个体沟通以及电话等通信工具。显然，这几种传统的协同工具只能采用塔式组织结构。信息时代图书馆，组织内部的协调工具是互联网和即时通信工具，利用这些协同工具，可以便捷地进行点对点、点对多、多对多的沟通，也可以利用这些协同工具召开线上会议，从而使得组织的协同不变依赖于需要层层传达的塔式组织结构。

同时，信息时代图书馆业务流程的变化，也为扁平化组织机构的兴起提供了现实的基础。正是由于搜集整理和传递利用两个阶段的诸多环节之间界限的消融才使得扁平化组织形态成为现实。所谓扁平化有两方面的含义，一是物理层级的减少，二是协同时层级的减少。物理层级的减少，指的是组织的实际建制中撤销一些

没有必要的层级。协同时层级的减少,指的是利用互联网和即时通信工具在协同时直接向大部分或者所有层级协同,减少传递信息的层级。物理层级的扁平化和协同层级的扁平化是扁平化的一体两面,具有同样重要的意义。扁平化组织机构减少了管理和协同的层级,扩大了管理和协同的跨度,加强了图书馆横向部门之间的协同,降低了图书馆的运营成本,提高了效率。例如,塔式结构下,馆长要安排一项任务,需要向主管副馆长下达任务,主管副馆长再向部门下达任务,部门主任再向有关办公室下达任务,办公室负责人再向有关小组下达任务,小组长再向馆员下达任务。显然,这种层层下达任务存在有效率低、信息衰减、横向合作差等弱点。在扁平化结构下,馆长通过内部的即时通信系统可以同时直接将任务下达到副馆长、部门和馆员以及需要配合的部门,减少了层层传达造成的效率低、信息衰减和横向合作差等不足。

(二)大部制

传统时代图书馆的部门建制是依据对实体资源搜集整理、传递利用构建的,部门较多。资源建设部门一般包括采编部、地方文献部、报刊部、资源采集部、资源加工部等,读者服务部门一般包括借阅部、参考咨询部、辅导部、培训中心、少儿部等,管理及辅助部门一般包括办公室、财务部、工会、保卫部、后勤部、人事部以及其他部室。一般情况下,地市级以上的公共图书馆的部门设置在 10 到 40 个左右。信息时代图书馆业务流程的变迁使得大部制成为图书馆组织形态变化的一个鲜明特点。传统图书馆时代基于实体资源业务流程而设立的采访部、编目部、报刊部、地方文献部以及处于由传统图书馆向信息时代图书馆变迁阶段而单独设立的数字资源采集部、加工部等,在信息时代图书馆可以统一设立为一个资源建设部,下设不同的岗位处理不同载体资源的采购、采集、编目和加工事宜;同样,传统图书馆时代设立的阅览部、借阅处、咨询部、辅导部、培训部、少儿部等可以统一设立为一个读者服务部,下设不同的岗位处理不同的业务;而办公室、财务部、工会、保卫部、后勤部、人事部可以设立为一个综合办公室,下设不同岗位处理不同的业务。

大部制的设立有助于减小图书馆条块分割造成的弊病,"减少各业务部门之间的职能交叉和权限冲突,规范、简化读者利用图书馆的手续,形成权责一致、监督有力的行政管理体制;另一方面也可以减少横向协调困难,解决信息传递阻滞、流通不畅的问题,有利于图书馆信息资源保障体系的建设及网络信息的充分利用,从而建立起高效的符合新一轮发展要求的现代化运行体制,提升图书馆信息服务的整体效益"。因此,越来越多的图书馆采用了大部制管理模式,比较典型的有上海图书馆、南京图书馆、深圳图书馆、浦东图书馆等。如深圳图书馆将具有相同性质的部门整合为一个中心,在馆长领导下分设了四个中心:读者服务中心、资源中心、技术中心、管理中心。其中,读者服务中心下包括图书服务部、报刊服务部、数字图书馆服务部、特藏服务部等多个分部。

(三)营销部门

信息时代是一个资讯发达的时代,是一个知识爆炸的时代,读者和用户获取信息和知识的途径日趋多样化,信息时代的图书馆不像传统时代的图书馆那样成为某一地区为数甚少甚至是唯一的信息、知识中心,图书馆并不是读者和用户要获取信息和知识的唯一选择或者为数不多的选择之一,信息时代的读者和用户可以通过互联网、手机、电视、电台、报纸、图书、期刊等传媒来获取自己所需要的信息和知识,处于这样一个时代的图书馆必须要强化图书馆的营销工作。通过营销,使更多的读者和用户来到图书馆、使用图书馆;使社会各界充分了解图书馆,为图书馆发展创造一个良好的社会环境;让社会各界充分认识到图书馆在保障信息公平、消除数字鸿沟、涵养人心方面所起的积极作用正是基于这样的考虑,公共图书馆应该设立专门的营销部门,向社会进行图书馆营销。

当然,这里需要特别提出来的是,图书馆营销和一般的市场营销之间的区别。图书馆,特别是公共图书馆,公益性是第一位的。所以,图书馆营销的目的不是为了盈利,而是为了更好地宣传推广图书馆的价值和服务,让更多的人来了解并使用图书馆,提高图书馆的社会效益。一直以来,因为各种误读,人们对于图书馆营销存在一定的争议。有的人认为,图书馆是公益性机构,担心营销思想的引入会消解图书馆的公益性,使图书馆事业的发展偏离正途。在市场经济的影响下,我国图书馆界曾经出现过盲目追求经济效益的情况,而且至今为止依然留有遗患。因此,对于图书馆营销的担忧并非杞人忧天,但是,我们也要看到,这种担忧是完全可以避免的。如何避免图书馆营销变成图书馆营利,就需要我们端正目标,把图书馆的公益性时刻放在首位,把图书馆的社会效益作为标准。

实际上,不少公共图书馆都设有与营销相关的部门,具体负责图书馆的宣传和推广工作。但是专门设立独立营销部门的图书馆则并不多见,大多数图书馆的营销工作分散在若干个部门,还没有实现整合。例如,浙江图书馆的办公室负有采集图书馆信息,向媒体及相关机构发布以及新闻媒体采访接待和安排工作,读者活动推广部负责全馆读者活动推广工作。杭州图书馆的图书馆对外信息发布工作由综合办公室负责,国际国内交流则由研究与交流部负责,各类培训、讲座、展览、演艺活动、读者活动等社会活动由社会活动部负责。将分散于各个部门的与营销有关的工作整合起来,集成到一个专门的营销部门,对图书馆的营销工作会起到更大的推动作用。

营销部门的职责包括:市场调查工作、企划工作、营销计划的制定与实施、营销工作绩效评估、读者和用户管理、售后服务管理、营销队伍建设、品牌管理、广告宣传、公共关系等。上述职责可以概括为:扩大图书馆的知名度,提高图书馆的声誉,为图书馆发展读者和用户,为图书馆的发展营造良好的社会环境和舆论环境,促进社会各界对图书馆的深入了解。图书馆的营销部门要善加利用电视、电台、报纸、网站、手机、电子邮件、微博、微信等各种传统的和现代的营销载体,通过精心策划,巧妙借势,促进图书馆营销工作的深入开展。

(四)馆长的职能变迁

馆长对于图书馆发展所起的作用是非常关键的。馆长肩负着组织图书馆资源发展图书馆并带领图书馆向未来不断前进的重任。根据李金莲的调查研究,目前公共图书馆馆长的职业路径通常有业务型、管理型和专家型三种,其中管理型馆长的比例最大,业务型的馆长比例次之,专家型的馆长最低;副馆长中三种类型的排序与馆长中三种类型的排序一样,但是业务型副馆长的比例较高。具体调查数据见表2-1。

表2-1　公共图书馆馆长的职业路径类型

类型	特征描述	总样本比例（%）（n=207）	馆长比例（%）（n=101）	副馆长比例（%）（n=106）
业务型	从低于图书馆馆长职位级别的职位开始，具有丰富的图书馆从业经验，按照职位阶梯到达馆长的职位级别	12.6	7.5	31.5
管理型	没有任何图书馆从业经验，但是具有其他单位的管理经验	83.4	90.5	63.5
专家型	从事科研或教学工作，在图书情报研究领域有一定建树后兼职	4.0	2.0	5.0

无论业务型、管理型还是专家型的馆长，都各有其优势和不足。一般而言，公共图书馆业务型馆长谙熟图书馆业务，但是缺乏管理型馆长所具有的人脉和资源，在为图书馆争取发展条件方面存在不足；公共图书馆管理型馆长不少都是由文化主管部门委任文化干部来担任的，他们熟悉管理政府相关部门，具有相当的人脉和政府背景资源，在为图书馆争取发展条件方面有着自己的优势，但是对图书馆业务不是很熟悉；专家型馆长具有深厚的学术功底和理论基础，对于图书馆发展趋势把握较好，并且具有一定的人脉资源，但是缺乏图书馆业务经验和管理型馆长所具有的政府背景资源。

就目前乃至将来较长一段时期内，公共图书馆管理型馆长仍然占到第一比例，但随着对公共图书馆专业化管理重要性认识的逐步加强，管理型馆长的比例会逐年有所下降，而业务型和专家型馆长会逐年有所增加。信息时代图书馆所面临的社会发展环境、信息环境、用户和读者情况都在发生着深刻的变化，因此，对图书馆馆长的要求更高、更全面了。具体来讲，信息时代图书馆馆长有如下几个方面的职能需要进一步加强。

1. 价值层面

图书馆作为公共文化服务体系的重要组成部分，在公众构建精神家园的过程中起着积极的作用,特别是在现阶段承担着重要的历史使命。这就对馆长在价值层面提出了很高的要求。图书馆馆长一定要有着一颗满怀人文主义情怀的心,关注国家发展,关注社会发展,关注民众的精神文化需求,"要善于求知、善于管理,靠'文化自觉'和历史担当,实施治馆兴馆方略,不断创新图书馆的服务理念与服务方式",自觉领导图书馆承担起应有的文化职能。要了解和掌握技术层面的东西,但不应一味沉迷于技术层面,忽视或者忘记了图书馆在价值层面的引领作用。

2. 专业职能

图书馆工作是一项专业性很强的工作,作为图书馆的馆长,无论其职业路径如何,都须在担任馆长期间不断加强自身的专业能力建设,对图书馆专业有比较全面的了解,使之与馆长这一岗位所需的专业知识和能力相匹配。专业职能为馆长行使战略职能、决策职能与营销职能提供专业保证,避免出现专业性错误。专业职能要求图书馆馆长具有比较广博的专业知识,图书馆学的基本理论、图书馆业务、数字图书馆、参考咨询、信息技术、传播学等凡是与图书馆工作相关的知识都应有所涉猎。对于图书馆领域新理论、新实践、新产品和新技术也要有所了解。

3. 战略职能

战略规划对公共图书馆的发展具有十分重要的意义。柯平认为,"多年来,对图书馆馆长的要求从未升级到战略层面,而在21世纪,无论是社会环境和技术环境的变化对图书馆的挑战,还是图书馆事业发展到一定程度的客观要求,都迫切需要图书馆馆长具有战略思维。馆长的战略思维要具体化到战略规划中"。馆长需要领导图书馆审时度势,制定切实可行的战略规划,这对图书馆的持续发展至为重要。"不谋全局者,不足以谋一域;不谋万世者,不足以谋一时。"讲的就是战略规划的重要性。在一个生存发展环境急速变迁的时代,没有战略规划的组织是行而不远的。作为图书馆的馆长,一定要有敏锐的战略思维和强大的战略规划能力。

4. 决策职能

变化时期的决策职能至为重要。决策就是对具有重要影响的工作、计划、事件进行评估,决定是否开展工作以及如何开展工作的过程。"图书馆馆长作为事业发展的领导者,必须对图书馆事业发展具有敏锐的预见性和前瞻性,善于根据本地实际情况准确定位,提出具有现实指导意义的使命、愿景和价值观,推进图书馆事业不断发展。"图书馆在发展的关键结点、发展理念的升级、运营模式的改变、重大价值设备的引入、新馆建设等情况下都会面临着决策问题。这就要求馆长有较强的决策能力和决策水平,注意把握时机,避免决策失误。2003年杭州图书馆在全国首先推出免证阅览制度,任何人进入杭州图书馆阅览书籍都不需要证件和费用,并且对14岁以下儿童、60岁以上老人以及困难家庭进行免费服务,对困难家庭还免掉押金。"这一举措对当时的杭州图书馆来说是相当艰难和痛苦的。因为,当时财政划拨的图书馆职工工资是不包含奖金的,发给每个职工的奖金必须由图书馆自行创收。从而,免费服务意味着职工收入的直接减少。虽然如此,这一改革之举还是在大家的支持下推出了。"可以想见,当时能够做出免证阅览这样的决策,需要馆领导很大的勇气和很高的决策水平的。实践证明,这一决策是正确的,也是及时的。2006年,杭州图书馆牵头制定的《杭州地区公共图书馆服务公约》把杭州地区的公共图书馆带入了免费服务的时代,此举向社会展示了一个全新的公共图书馆形象,引起了社会和公众的广泛关注;财政对图书馆的支持力度也加大了,图书馆步入了良性发展。

5. 营销职能

营销职能是信息时代图书馆馆长应该具备的最重要的职能之一。公共图书馆绩效如何,最终是由读者和用户来体验。向读者和用户营销图书馆就成为图书馆运营的最为重要的环节,一个图书馆如果没有读者和用户来用,或者只有很少的读者和用户来用,这个图书馆无论资源多么丰富、馆舍多么舒适都是没有用的。因此,图书馆馆长一定要有鲜明的营销意识,一定要有将图书馆服务惠及每一位居民的目标,克服轻视图书馆营销工作的不良意识,只有这样才有可能将图书馆的服务尽可能惠及民众。馆长应该亲自领导制定图书馆的营销战略和营销计划,整合图书馆营销部门,充分利用各种营销载体,强化图书馆的营销能力,为图书馆的发展获取更多的资源,创造更好的发展环境,使图书馆尽可能为更多的读者和用户提供服务。

第三节　服务范式的变迁

与传统时代图书馆相比,信息时代图书馆的服务范式发生了很大的变化。这些变化具体体现在服务范围、服务对象、服务内容、服务方式、服务手段等方面。

（一）服务范围

传统时代图书馆,在一定的时间内,图书馆所服务的读者是有限的,因为图书馆的物理空间不能无限容纳读者到馆,图书馆的实体馆藏数量也不能无限满足读者借阅需求,图书馆员也不能超出一定数量限度向读者提供服务,而且馆员所提供的面对面服务基本上是一种一对一的、点对点的服务,因此,传统时代图书馆的服务是一种有限范围的服务。传统图书馆时代人们推出了流动图书馆、馆际互借、总分馆等创新服务方式,有效地拓展了图书馆的服务范围,尽管如此,受制于物理条件的制约,实体图书馆的服务范围仍然是有限的。

信息时代,图书馆不仅继续保有传统的服务范围,而且由于互联网技术和信息技术的进步,使得图书馆突破了物理条件的局限,无限拓展了图书馆的服务范围。与实体图书馆相比,数字图书馆可以容纳尽可能多的读者到"馆"享受服务;数字图书馆的数字馆藏突破了实体馆藏副本数量的局限,理论上可以满足无限多的读者借阅需求,而即时通信工具的出现可以使馆员在一个时段内同时面向多位读者提供在线服务,这是一种一对多的、点对面的服务,因此,信息时代图书馆的极大地拓展了图书馆的服务范围,主要表现在空间和时间两大方面。

1. 物理空间与虚拟空间的互补融合

从服务空间来看,传统时代的图书馆提供的服务是发生在实体图书馆的物理空间之内的,这是一种面对面（face to face）的服务,读者要享受到图书馆提供的服务,需要亲自到图书馆,或者到一个图书馆指定的物理空间,只有这样才可以享受到图书馆提供的借阅、咨询、讲座、沙龙等服务,读者总要面对图书馆。离开了一定的物理空间,读者是享受不到图书馆提供的服务的。读者可能会把书借回家看,但借书这个过程同样要在一定物理空间发生,或者在图书馆开架借阅处,或者在

24 小时自助借阅机等,总是脱离不开图书馆的物理空间的。信息时代的图书馆所提供的服务除了传统的面对面的服务之外,还多了一种屏对屏(screen to screen)的服务,读者要享受到图书馆提供的服务,无须亲自到图书馆来,通过联网的计算机即可借阅、咨询,在屏幕上面对图书馆即可。这种服务空间的变化,大大缩短了读者获取图书馆服务的物理距离,这具有非常大的意义。我们知道,公共图书馆有个服务半径的问题,超过一定的服务半径,读者利用公共图书馆的时间成本、经济成本就会大幅度攀升,正是由于这种利用成本的制约,严重局限了公共图书馆的利用。而信息时代的图书馆则可以有效克服这种利用成本的局限。

但这不是说,虚拟空间可以取代实体图书馆的物理空间,物理空间与虚拟空间各有优势,相互补充,相得益彰。人是群居性的社会性动物,需要交流,虽然通过网络、电话也可以进行交流,但这种交流无论如何也取代不了现实中的面对面的交流。在信息时代,图书馆作为人们进行交流的空间的作用日益加强,而不是削弱了。中国人民大学图书馆馆长刘大椿在 2013 年指出:"图书馆既是信息资源空间,又是学习研究空间与艺术文化空间。空间多元化,功能多样化,服务也自当有所拓展。"因此,信息时代图书馆要充分发挥物理空间在促进交流、文化建设方面的作用,同时也要充分发挥数字图书馆虚拟空间独特的作用。图书馆、读者双方各自积极主动参与基础之上的交互性,是数字图书馆虚拟空间的一个非常显著的特点,因此数字图书馆虚拟空间应该具备学术搜索、RSS 推送、参考咨询、学术社区、在线百科、学术博客、即时通讯等功能并应该积极进行资源建设,这样才能充分发挥出虚拟空间应有的作用,满足读者和用户的需求。

2.7×24 全天候服务

从服务时间上来看,实体图书馆由于人员、环境的局限,服务时间亦有限制,一般从 8 小时到十几个小时,很少有 24 小时开放的图书馆。而数字图书馆则可以突破上述局限,可以提供 7×24 的不间断的全天候服务。

服务范围拓展具有重大而深刻的现实意义。公共图书馆承担着保障信息知识公平、消除信息知识鸿沟的社会责任,显然,物理条件制约下的公共图书馆服务范围的局限是实现这一社会责任固有的、较难克服的障碍之一,信息时代图书馆服务范围的拓展,则较好地克服了实体图书馆的物理局限,极大地促进了公共图书馆对保障信息知识公平、消除信息知识鸿沟社会责任的担当。

(二)服务对象

公共图书馆自出现之日起就奠定了面向全体社会公众开放的特性,但是,普惠全社会目前还属于一个目标,在实际发展中,要达到这一点公共图书馆还任重道远,其实际服务对象只是全体社会成员中的一部分。值得欣慰的是,随着图书馆事业的发展,越来越多的人能够享受到图书馆的服务。在过去,传统图书馆的服务对象仅限于来馆的读者,而信息时代的图书馆,因为自动化、网络化、数字化建设的不断发展,人们不再受到时间、空间限制,只要具有利用社会公共信息网的基本条件,就可以随时随地享受到图书馆的服务,推动图书馆在普惠大众的道路上迈出重要一步。

过去,图书馆是人们获取信息资源的主要途径,但随着科技的进步和社会的发展,人们获取信息的途径手段日益广泛,预期的图书馆读者被不断分流散失,人们已不再将图书馆视为获取信息资源的首选。尤其是互联网的普及应用,大大方便了人们的信息交流,丰富的网络信息资源,让读者逐渐习惯在网上查找所需资源,这直接影响了读者对图书馆的利用。图书馆的服务能力在提高,覆盖范围在扩大,但读者数量、利用率却并没有得到相应的正比增长,这已成为当前图书馆界的一个亟待解决的重要问题。

图书馆服务对象的另一个变化是,读者的要求越来越高。互联网信息通讯科技的普及和生活水平的提高,使读者的文化需求更加多元、更加高要求。图书馆不仅仅是借书还书的地方,也可以是开展素质教育、进行文化娱乐的场所,而公共图书馆作为地方的文化资源中心,对于区域经济文化的发展也负有重要职责。因此,公共图书馆服务对象不仅包括各阶层、各年龄段的个人,也包括各政府部门、企事业单位等组织团体,这些服务对象对于图书馆服务的需求各有侧重,相对复杂,也给图书馆未来的发展提出了各种可能。

(三)服务内容

从服务内容上来看,传统图书馆提供的服务大多数程度较浅,是基于"书皮"

的服务,因为传统图书馆对于资源的描述和处理仅限于实体资源的表面属性,而对于资源的内容则缺乏处理的技术手段和途径,因此,图书馆提供的服务只能局限于实体资源的表层而无法深入到资源内部。

信息时代的图书馆由于技术的进步,图书馆对于资源的描述和处理已经进入到内容层面,图书馆提供给读者的服务是基于内容检索、分析的结果,程度较深。"对资源利用的探讨是永无止境的,图书馆管理的是一本本的文献,而文献中包含了许许多多的知识元,如果要关注利用,就不能只停留在对文献表面描述和分析,要把文献中所包含的知识挖掘出来。……将粗颗粒的文献,加工成细小颗粒的知识元,然后把它提供给用户,使用户能够更方便、直接地获取他所需要的东西或者能解决问题的知识,也许图书馆学会有更大的新的发展空间。"而且,读者可以利用数字图书馆提供的批注、点评、社区、微博、微信等交互功能,与馆员、其他读者之间形成互动交流,深度参与。不仅如此,由于对资源组织的颗粒度变小,使得对资源的检索效率大为提高,这将极大地提高图书馆的科研生产力水平,使得图书馆有更多的力量和更大的能力为企业提供竞争情报分析、为政府提供产业研究等高品质的深度咨询服务。

（四）服务方式

从服务方式上来看,信息时代图书馆在坚持传统的常规服务的同时,更加注重特色服务的提供。有如下几种重要的服务方式:

①专题馆员集成服务。通过设立专题馆员,面向用户和读者提供专题集成服务,是信息时代图书馆的一种重要的服务手段。借助数字图书馆专题服务平台,专题馆员向用户和读者提供专题资源保障、专题跟踪、专题分析、专题咨询等综合服务。

②专题导航服务。通过专题导航,将有关专题的国内外动态、会议资料、专家学者、研究成果、相关机构、课件、视听资料、论文与基本典籍等文献组织起来通过专题导航平台展示给读者使用,这样可以使专题服务在面上展开,解决图书馆人员有限与读者需求之间存在的矛盾。

③特色库服务。根据读者或者用户的需求,开展特色库建设,利用特色库为某

一读者群体开展针对性的服务。图书馆可以面向政府开展某一产业发展的特色库服务,通过搜集、整理和挖掘国内外关于该产业发展的产业政策、产业状况、产业竞争、产业发展趋势等文献,为政府决策和相关企业发展提供参考咨询,并根据特色库建设、服务的发展情况,开展更加深度的产业研究。

④嵌入式服务。图书馆利用技术手段将自己的数据库服务嵌入机构用户的网站,借此将自己的服务面向终端读者推送,扩大服务的覆盖范围,提高服务的效能。

和传统图书馆静态式服务相比,信息时代的图书馆服务方式更加活性化。传统的借阅、信息服务属于静态服务,图书馆提供资源和场所,读者进行借阅。在互联网时代,这种常规的静态服务,仍然是图书馆的一项基础业务工作,但绝不是图书馆工作的全部。与图书馆文化教育职能强化的趋势相应,图书馆提供的活性服务越来越丰富。所谓活性服务就是与静态服务相对的,由图书馆组织、读者参加的各种形式的文化教育活动。图书馆可以根据情况整合社会资源,为读者提供论坛、讲座、沙龙、展览等各种形式的活动,在与读者互动中实现自己的价值。

另外,当前图书馆的服务也越来越注重品牌化,这也是图书馆在服务方式上的一个重要变化。在一个产品与服务过剩的时代,尤其是在目前这样一个知识爆炸、信息泛滥的时代,图书馆必须树立品牌意识,着力打造和强化自己的服务品牌。品牌的重要性日益引起了图书馆的关注和重视,因为品牌承载着图书馆的办馆理念,图书馆在其办馆实践中所投入的巨大人力、物力、财力都可以内化和凝聚到品牌之上,优秀的品牌可以长久驻于读者的内心,使图书馆的影响力持久传播下去。认识到品牌的重要性还不够,还要通过持续不断的工作来树立、宣传品牌,使读者认识和接受品牌,这是一个艰苦的过程,不是一蹴而就的。图书馆应该从顶层设计的角度来制订自己的品牌发展规划,并将这一规划与日常的工作、活动紧密结合起来,抓住重要契机,对品牌进行有效的宣播。切记避免单纯为品牌而品牌,品牌一定要有具体的活动、服务作为支撑,"文化品牌不是靠'硬件'支持的,而是靠它的'软件'或服务特色来支持的,没有具体的活动、服务作为支撑,品牌将是一个空心化的品牌,没有太大的价值。浦东图书馆以新馆开馆为契机,着力打造新的文化服务品牌,在品塑造的过程中,将品牌的文化内涵与其所承载的活动充分结合起来,创办了"浦东文化讲坛""人文艺术节""故事妈妈讲故事""浦东读书节""浦东论坛"的文化服务品牌,取得了良好的社会效果。

（五）服务手段

服务手段方面,不同于传统图书馆以手工、机械操作为主,信息时代图书馆服务已普遍应用了各种基于网络的现代化技术手段,如虚拟参考咨询、一站式统一检索,以及多种即时通信工具的应用为图书馆提供了极好的互动服务工具,服务质量和效率大大提高,使得用户的服务体验大为改善。

图书馆服务与现代高新技术结合日益密切,大大推动了图书馆服务手段的发展。如在虚拟参考咨询方面,图书馆员可利用电子邮件、QQ、图书馆网站、微博、微信、图书馆 APP 等为用户提供服务,帮助用户解决相关问题。这种虚拟参考咨询服务主要是基于现在已广泛普及应用的互联网而提供的。图书馆提供的一站式统一检索服务突破了不同数据库之间的壁垒限制,主要对各数据库的元数据进行了有效整合,使用户可通过统一检索平台对图书馆所有馆藏资源进行查找,更方便用户在图书馆资源日益迅速增长的环境下更好地了解并利用图书馆馆藏资源。

此外,自助式服务也是信息时代环境下图书馆服务手段新发展的一个重要体现。无线射频技术(RFID)已在越来越多的图书馆得到应用,借助这一技术,用户可在图书馆完成自助借还书,简单实用,十分便捷。而深圳市自助图书馆的探索实践已成为我国图书馆界服务手段创新发展的一个典范。深圳自助图书馆除了为用户提供自助借书还书、办证、咨询、检索、收取押金、查检各种数据库等服务外,用户还可通过自助图书馆的"预约服务"提出预借请求和按照预约通知取书,用户可以预借目录中的馆藏文献,并在规定时间在深圳市任何一台读者指定的服务机中取书。据报道,自 2008 年深圳市首批 10 个自助图书馆试运营以来,截至 2013 年年底,自助图书馆累计服务读者 4862006 人次,借还文献量 9834283 册次,预借送书 480702 册次,办理读者证 111638 张,在提升图书馆服务质量方面的效果十分显著。

第四节　运营模式的变迁

信息时代图书馆发展环境的变化,对于图书馆的业务流程、业务形式和组成要素产生了深刻的影响,使图书馆在投入、转换和产出三个环节都发生了很大的变化,这些环节的变化就是运营模式的变化。

(一)运营模式的发展趋势

1. 合作共享

单个图书馆的力量有限,无论是从满足读者日益增长的知识和信息需求,还是从图书馆事业可持续发展的角度出发,图书馆的合作共享都是一个必然趋势。

巧妇难为无米之炊,文献信息资源就是图书馆的"米"。在信息时代,人类知识总量快速递增,各种文献信息资源的增长速度十分惊人,任何一个图书馆都无法实现文献信息资源的"全"收集,而读者需求的广泛而多样化发展也使得任何一个图书馆都无法仅利用本馆馆藏就实现读者需求的"全"满足。因此,单一图书馆独立建设馆藏的方式已经不适用于当前图书馆事业的发展,图书馆必须向合作共享之路发展,这是"图书馆为解决信息数量的急剧增长以及用户对信息资源的无限需求与图书馆对信息载体有限的收集和处理能力之间的矛盾,而做出的理性选择"。

近年来,我国图书馆界对图书馆合作共享展开了广泛探索和实践。除了各级各类的图书馆学会外,还有如"上海市文献资源共建共享协作网"这样的基于整个地区包括公共、科研、高校、情报四大系统的图书情报机构在政府主管机构推动下形成的图书馆联盟,以及"北京市公共图书馆信息服务网络"采取统一的技术平台,连接街市、区、县、乡镇、街道图书馆而形成的图书馆联盟。当前大部分图书馆联盟主要还是集中在资源共建共享的合作方面,不过也有图书馆联盟正在从图书馆管理、馆员培训、岗位轮换、读者工作、社区服务等整个图情事业的各个方面考虑合作共享的问题,如当前正备受重视的公共文化服务体系的建设中,各地各级公共图书馆正在不断加强各方面的合作共享。可以预见,图书馆合作共享即将进入一个全新的发展局面。

图书馆开展合作共享能够有效提高工作效率,节省人力物力,目标是让任何用户在任何时候、任何地点,都可以获得任何图书馆拥有的任何信息资源。图书馆的合作共享最初始于统一编目、馆际互借等馆际合作,随后其范围和深度逐步扩展延伸。我国地域辽阔,各图书馆以行政关系为基础分属不同系统的管理体制,给跨地区、跨系统的图书馆合作共享带来了一定困难。但进入信息时代后,互联网等科技的发展应用打破了时间空间的界限,为图书馆的合作共享带来了新的形式和内容,极大地促进了图书馆合作共享的发展。基于网络环境下的信息资源管理与利用最大化地拓展了图书馆的合作共享,不仅是各系统、各地区、各国的图书馆更加积极开展相关范围内的合作,全球性的图书馆联盟也在不断壮大,并突破图书馆行业界限,与社会其他机构组织开展形式多样的合作,越来越广泛而深入地展现着图书馆之于社会发展的重要意义。

2.总分馆制

图书馆总分馆制源于西方,至今已有超过百年的历史,是一种相当成熟的图书馆运营模式,世界上图书馆事业较为发达的国家如美国的图书馆都普遍采用总分馆制。

近年来,我国多地的公共图书馆在总分馆建设上走出了各具特色的探索之路,例如,北京市公共图书馆信息服务网络模式、广东“流动图书馆”模式、深圳“图书馆之城”模式、佛山禅城区“联合图书馆”模式、东莞“图书馆之城”模式、杭州“一证通”模式、上海“中心图书馆网络”模式、苏州“图书馆—社区分馆”模式、嘉兴“总分馆”模式、长春“协作图书馆”模式等,这些总分馆建设探索突破了过去公共图书馆层级管理体制的限制,有效推动了一定区域内图书馆之间的资源共建共享。

总分馆制的核心机制是统一采购、统一编目、统一配送、统一服务,这样可以有效实现普遍均等的图书馆服务,充分发挥公共图书馆服务社会公众的职能。总分馆制,从严格意义上讲,是指由同一个建设主体资助、同一个主管机构管理的图书馆群,其中一个图书馆处于核心地位作为总馆,其他图书馆作为分馆处于从属地位,分馆在行政上隶属于总馆,或与总馆一起隶属于同一个主管部门,在业务上接受总馆管理。而由于我国行政体制的关系,国内的图书馆还无法完全做到像国外那样,建设人、财、物高度统一集中的总分馆制。目前,我国的体制依然是"一级政府建设和管理一个图书馆",各图书馆在总分馆模式的探索方面缺乏一个有效的制度保障,这已成为制约我国图书馆总分馆建设的最关键原因。也就是说,能否成为真正意义的总分馆体系,归根结底是个制度问题,而不是职业问题。

基于这些因素,总分馆制还处于探索阶段。大量案例证明,总分馆制作为图书馆的运营模式具有较大优越性,低投入,高效益,是图书馆今后发展的一大方向。我国《公共图书馆法(征求意见稿)》中也明确提出了"县级以上地方政府应在辖区内建立总分馆制度"。因此,可以很肯定地说,总分馆制将是图书馆运营发展的主要趋势之一。

3. 法人治理

法人治理在现代企业经营管理中得到普遍应用,这种管理模式将决策、监督职能从传统管理职能中分离出来,形成三权分立、互相制衡的结构。而这里指的是在公共图书馆建立法人治理结构。公共图书馆法人治理在国外已有百余年的历史实践,至今已发展得较为完善。在公共图书馆建立法人治理结构,最为重要的是,在公共图书馆运行管理过程中,设置决策机构、执行机构、监督机构,三方相互分离、相互制衡,组成完整的组织管理架构。通常,决策机构由公共图书馆成立的理事会承担,理事会成员由政府相关部门、行业专家、社会人士、行政执行人等按比例组成,理事会负责制定公共图书馆的战略规划;执行机构即公共图书馆内负责日常运行与业务管理的管理团队,成员由一名行政负责人(由理事会任命,如馆长)和一批专业人员组成,执行层对理事会负责并接受理事会的监督;监督机构即监事会,成员由独立于执行层之外的人员组成,可对理事会和执行层的权力起到制衡作用,规模较小的图书馆可不单设监事会,而直接由理事会或理事会下设委员会进行监督。

公共图书馆是一项公共文化服务事业,在我国,图书馆由国家和地方政府出资建设并实行全面的管理,公共图书馆的建设主体和管理主体同为一个,公共图书馆的事务无论巨细,一概都在政府的管理下。这带来的弊端就是,图书馆事业的发展过于依赖政府,图书馆缺乏自主性和发展活力,无法灵活有效地满足正日益提升的用户需求,对其践行公共文化服务职能实现社会价值带来较大障碍。当前我国公共图书馆普遍实行的是馆长负责制,这一制度作为政府对图书馆管理权的适当放开,由馆长对图书馆行使经营管理权、机构设置权、用人自主权和分配决定全,对图书馆的发展产生了一定的成效,但也存在一些隐患,如馆长不作为,或馆长独断专行,则会对图书馆的发展产生不利影响。

而在公共图书馆建立法人治理结构,就可以有效避免上述问题,对促进图书馆的良性发展具有显著而独特的优势。建立法人治理结构的目的是实现政事分开、管办分离。政府将管理权下放,将决策权交给理事会,不再干预具体事务,政府的责任由现行的行政干预为主转变为宏观协调和政策监督为主公共图书馆作为独立"法人"实现独立运作,并独立承担民事责任。这给予了公共图书馆充分的自主权。而在图书馆内部,理事会作为决策层其职责主要集中在战略层面,而不涉及具体的日常工作,馆长领导的执行层负责具体执行理事会的决策,监事会负责监督理事会决策和执行层的权力行使是否合理合法。三者相分离又统一,能够避免相关人员不作为或滥用职权的问题出现,有效确保公共图书馆事业良好有序地向前发展。

深圳图书馆从 2007 年开始试点法人治理结构,是我国首个启动法人治理结构试点的公共图书馆,其积累的经验和所遇到的问题都具有十分珍贵的价值。深圳图书馆馆长吴晞在其博客中对深圳图书馆试点法人治理结构的六年做了一个总结和分析,指出,当前图书馆法人治理结构未取得预期成效的关键在于:"图书馆归根结底还是体制内的机构,也只能在体制内运作,而法人治理结构以及由此产生的理事会则是在体制内外游离不定的产物。""在我们现行的体制中,人权、财权、物权、事权统由政府有关部门牢牢掌控,理事会不过是对部分'事权'有些发言权,这些意见又不是决定性的,不过是参考而已。""因此,解决问题的钥匙就在于理顺和变革我们现有的体制。"政府职能的真正转变是公共图书馆建立有效的法人治理结构的前提。所以,归根结底,要在我国实现真正的图书馆法人治理,必须先解决政府与公共图书馆法人的关系问题,以及政府部门和公共图书馆理事会、管理层之间权责划分的问题。

我国现行图书馆运营机制改革势在必行,虽然这条道路充满曲折,但在公共图书馆建立法人治理结构这一方向是正确的,也是符合当前图书馆发展趋势的做法。我国近几年先后发布的一系列相关政策,如《关于建立和完善事业单位法人治理结构的意见》《文化部"十二五"时期公共文化服务体系建设实施纲要》等,都已提出在公共图书馆等公益性文化服务机构建立、健全、完善法人治理机构的相关要求,相信这将对图书馆建立法人治理结构带来极大助益。

(二)运营模式的发展特点

1. 效能第一

从历史上看,图书馆是人类保存文化、传承文明的重要文化机构之一,对于载有知识、文化的实体馆藏有着天然偏好与重视,因此,作为图书馆最为重要的知识资产的实体馆藏,一直是图书馆非常重要的资产,衡量或者评价一个图书馆的影响或者水平,人们一般会首先说这个图书馆的馆藏有多少多少册。传统图书馆时代,实体馆藏对于图书馆有着极为重要的意义。之所以如此,是因为出版技术和传播技术的局限,文献内容并不能与文献载体分离,图书馆保存知识,要为读者提供服务,必须首先保存载有内容的文献载体。图书馆的服务能力主要取决于其文献保障能力,而文献保障能力主要取决于馆藏量。显然,在这种情况下,馆藏的重要性是大于人的重要性的,馆藏是第一位的,只要有馆藏,就能为读者提供其所需的文献。馆藏起着决定性作用,只要有了充裕的馆藏,就有了一切。这种情形下,传统时代的图书馆对于服务效能并不是很重视的,馆藏作为社会上为数不多的知识宝库之一,不须图书馆费多少事,自然会有读者主动前来寻宝的。所以,传统时代的图书馆无不将馆藏建设置于图书馆工作的重要地位。从而,随着出版物的不断增长,图书馆的实体馆藏数量越来越多,图书馆的规模也越来越大,甚至于不堪馆藏重负。重资产,轻效能可以说是传统时代图书馆运营模式的一个显著特点。

但是,这一切在信息时代正在发生的深刻的变化。信息技术的发展尤其是数字出版社与传播技术的发展使得传统出版物的形态发生了非常大的变化:其一,文献内容与文献的具体有形载体的分离。文献内容不受其具体有形载体的束缚,可以通过网络或者电磁波向电视机、台式计算机、笔记本电脑、PAD、手机、打印机等各种形式的终端设备传播。这种情形下，图书馆采购数字出版物就无须像采购实体出版物那样将文献内容与文献载体同时采购回来，当然图书馆或者读者也须有一定数量的终端设备，但不同的数字出版物均可共享这些终端设备，不像实体出版物那样每本书必须独享其所在的文献载体。从而，数字出版物摆脱了载体对于传播的局限，这就形成了这样一种可能，图书馆不必订购"所有"数字出版物，只要"拥有"其使用权即可，这就是实践中的数字资源的租赁使用模式，显然，资产的重要性让位于效能了。其二，馆藏对于服务的重要性比之传统图书馆时代减弱许多。传统图书馆时代，受制于文献载体对于传播的局限，图书馆提供阅览、外借等基本服务，必须拥有相当数量的实体馆藏，没有这些馆藏，图书馆的阅览、外借服务就无法开展。信息时代的出版和传播是多中心出版和多渠道传播，图书馆也不像传统时代那样成为无可替代的知识信息中心，这种情况下，图书馆服务效能的重要性日渐凸显，而资产的重要性日渐退居其次。

2. 业务外包

与轻资产、重效能的理念与运营模式相应，职能外包也是信息时代图书馆运营模式的一个重要特点。胡越认为，图书馆业务工作的社会化或者说图书馆业务工作的外包起源于 20 世纪 90 年代，从编目工作开始，陆续探索开展了安全防卫、物业管理、采访工作、服务器托管等多种多样的业务外包工作，外包为图书馆业务工作的发展提供了新的平台和空间。实际上，"图书馆业务外包的目的有三个方面：第一是能够降低图书馆的运营成本，第二是能够提高图书馆的运营效益，第三还要考虑是否有益于图书馆的可持续发展。如果把这三个方面都考虑进去，图书馆在哪些环节和工作能够外包就比较好解决了"。

在传统图书馆时代，由于采访编目是图书馆的核心业务，对于采访编目的外包图书馆界争议颇大，争议的焦点主要在于如果把自己的核心业务外包出去，图书馆以何存在？同时，还有人担心外包业务的质量得不到保证。经过 20 来年的实践，现在业界基本上就采访编目工作外包达成了共识，采访编目的外包不仅没有削弱图书馆的核心竞争力，而且为图书馆节约了成本、提高了效率，使得图书馆可以面向高附加值的服务提供更多的人力资源支撑。随着办馆理念的发展，信息时代的图书馆外包方向从业务外包正在向职能外包发展,外包不仅仅是基于某项具体的业务展开,而是基于某项职能展开,这使得图书馆在外包方面有了更大的发展空间。

物业职能外包。物业职能外包是图书馆外包工作中最为常见的,也是最易为人们接受的。举凡清洁、安保、复印、咖啡厅、小卖部皆可外包,可以打包外包,也可以分别外包。

加工职能外包。传统图书馆时代的采访、编目、图书加工与上架、过刊装订等加工职能外包依然为大家所接受,信息时代图书馆对于数字资源的采集、标引、发布等加工业务的外包也将是一个发展趋势。

技术职能外包。为面向读者提供在线服务,绝大多数图书馆都设有技术部、机房,机房存放有图书馆购置的服务器、存储设备等,这些设备上装有图书馆的业务管理系统、图书馆的网站与图书馆所采购的数字资源及其平台。这些设备与平台的维护由图书馆的技术部负责。实际上,将这些设备和系统托管到专业的机房中,图书馆大可不必自己投资建立一个机房,节约了空间和能源;在云计算时代,图书馆甚至无须购买那么多的硬件设备,直接租用更加经济、更加效率高;甚至某些数据和系统也可租用;而技术开发、维护等技术部的职能也可通过购买服务来完成。

营销职能外包。如何面向读者和用户更加深刻地宣传图书馆,使更多的读者和用户来了解图书馆、使用图书馆,这属于图书馆营销。许多专业营销策划机构更加专业,图书馆可以通过外包,强化自己的营销职能,提高图书馆的运营效益,降低图书馆的运营成本。

服务职能外包。图书馆可以把图书流通、信息推送、读者调查等服务职能外包出去,借外力提升和强化自己的服务能力,使自己聚焦于自己最核心的业务。这也是信息时代图书馆发展的趋势之一。

3. 互联网运营模式在图书馆的运用

互联网发展对于传统产业领域和商业模式生产了深刻的颠覆性的影响。对于传统产业领域,任何产品都有一个最低限度的硬成本,无论是吃穿用度方面的物质产品,还是书报刊等以实物为载体的知识产品,都是如此。在一定情况下,传统产业产品的硬成本随着产品数量的增加而降低,但是当产品的硬成本降低到最低限度时,无论如何增加产品的数量,产品的硬成本都不会低于这个限度,甚至还会随着产品数量的增长而增长。由此,决定了传统的商业模式,总的销售利润在一定情况下会随着销量的增长而增长,但是超过一定限度,产品的销售利润反而会随着销量的增长而降低。这就是所谓的边际利润递减的规律。因此,传统商业模式下,商家会把销量控制在边际利润最高点所对应的销量上。

互联网时代上述规则和模式被彻底颠覆了。首先我们来看互联网产品成本是如何变化的。互联网产品就是以互联网作为载体的产品,如数字图书、数字电影、数字音乐等。互联网产品最大的一个特点是没有副本限制,比如一本数字图书,一个人看可以,十个人看也可以,一百个人、一千个人、十万个人……看都可以。一本数字图书一旦完成生产,其总的生产成本就固化了,不会随着看的人多了就增加,其单位成本反而会随着看的人的数量的增加而急遽降低,直至趋向于零。这一点是数字图书与纸本图书最大的不同。这就决定了互联网商业模式的不同。互联网产品的销售利润不会随着产品销量的增加而降低。传统商业模式边际利润的拐点在互联网这里不复存在。由此,互联网时代出现了一种新的运营模式,通过免费服务吸引巨大的关注度,再利用这种巨大的关注度从广告中获得巨额收益。谷歌、百度均采用的这种运营模式,获得了非常大的成功。

这种模式也为图书馆界借鉴。美国国会图书馆 1995 年推出的美国记忆项目,用数字技术展现了美国 200 年来发生的重要事件,包括历史文本、照片、地图、视频、音频等各种格式的数字文件美国记忆项目面向世界所有人们开放。哈佛燕京图书馆收藏了大量的东亚文献,现在他们正在将这些文献数字化,也面向世界开放。这两个案例就是借鉴了互联网的运营模式,通过免费使用,获得大量读者的关注,进而引起社会和政府对图书馆的关注和支持。应该讲,这种通过免费使用数字特色馆藏,来吸引大量的关注,扩大图书馆的影响,进而为图书馆争取更好的发展条件,不失为一种行之有效的方法。

第五节　建筑形态的变迁

过去十几年,与我国公共图书馆事业迅速发展的态势相应,公共图书馆新馆建设也掀起了高峰。与公益、人本、开放、平等、共享、普惠等公共图书馆发展理念相应,公共图书馆建筑形态正逐步朝着生态、开放、均衡的方向发展。

(一)生态

环保、绿色、低碳正成为时代的主流思潮,受其影响,生态图书馆的建设日益受到人们的关注。一方面,随着互联网、服务器、计算机、楼宇智能在图书馆的充分运用,图书馆对于电能的消耗将会极大地增加;另一方面,由于过去图书馆并没有真正引入成本效益核算机制,不少图书馆管理层对于能耗不是太敏感。随着能源危机的加剧,图书馆实施能源核算势在必行。正是由于上述两个方面的原因,生态图书馆的建设已经日益为人们所重视。

生态图书馆的建设原则是,在保证健康、舒适的条件下,综合考虑生态、环境、能源、水资源的有效利用和保护。为保证图书馆内读者和工作人员的健康,要注意防止来自建筑材料、装饰材料、办公设备与家具可能带来或者产生的氡气、石棉、有机化合物、甲醛、臭氧、军团杆菌、电磁辐射、噪声等污染物对人体造成危害,要保持适宜的温度和湿度;舒适包括热舒适、视觉舒适、听觉舒适等;为保证热舒适,需要充分利用日照、自然通风并与人工照明、人工通风、人工供暖技术与设备结合起来;为保证视觉舒适,尽量采用自然光,只有当日光不足时才采用电力照明加以弥补,采光设计要保证房间里基本上具有日光的特征;为保证听觉舒适,对建筑进行必要的隔声处理,减少各种噪声,将图书馆分为相应的声学分区,适应使用者不同类型的活动,改善图书馆的内部声学特征,减少图书馆自身产生的噪声;采取有效的手段和措施,善加利用阳光、自然风等自然条件,减少能耗;利用节能设施,提高能源使用效率。提高设备利用效率,减少电子垃圾,尽量减少激光打印机、复印机产生的臭氧量等。

（二）开放

公共图书馆开放的理念现在深入人心,反映在图书馆的建筑形态上,就是"无门"图书馆的出现。所谓"无门"并非真正的没有门,而是秉持开放理念,使得图书馆大门方便读者进出,给人以开放、亲切的感觉;开放的图书馆,只有一道门,就是图书馆的大门,读者进入图书馆大门之后,图书馆内部除了若干设备重地之外,都不应限制读者进入,馆员工作区,读者有事也是可以进入的;图书馆的一切设施设备,只要是规定面向读者开放的,都要向所有读者开放。平等是开放带来的必然结果,平等这一理念反映在建筑上,就是不必根据读者的身份设立特殊的阅览区或者工作室。

开放的理念反映在建筑上就是统一柱网、统一层高和统一荷载的"三统一"的模数设计模式的出现,目前绝大多数的新馆都是按照这样的模式设计建设的。模数式的设计思路,较好地体现了公共图书馆开放的理念,内部都是大开间,很少有区隔出来的封闭式的小房间,借阅合一,读者置身于这样的空间,可以自由徜徉,十分方便。

开放的图书馆建筑形态是与封闭的图书馆建筑形态相对的,所谓封闭指的是馆藏与读者分离,所谓开放指的是馆藏与读者合一。在封闭状态下,读者利用图书馆馆藏需要通过馆员作为中介;在开放状态下,读者利用图书馆馆藏不需要通过馆员作为中介。开放的办馆理念需要相应的建筑形态作为支撑,这就是模数式建筑形态。模数式建筑形态较好地满足了图书馆的开放需求,但是也存在着图书馆空间利用率不高的问题。因此,业内人士对于这种模数式的建设理念提出批评,认为这种建筑形态,一方面,阅览桌椅占据了大量的空间;另一方面,承重量达不到密集书库的要求,造成库容量大幅减少。从而造成空间资源、人力资源和其他资源的浪费,因此我们要认真反思模数式建设理念的优势与不足,辩证吸收封闭式建设理念的优点。

（三）均衡

最近十余年,公共图书馆单馆建筑体量越来越大,十万平方米量级的图书馆越来越多。从发展的眼光来看,十万平方米级公共图书馆的出现,是公共图书馆事业发展到现阶段的一个必然产物,体现了公共图书馆事业发展的水平,因而有其必然性和必要性。但是,我们不能仅仅看到这一点,只注重于大体量的单馆建设,而忽视了公共图书馆系统的建设。

公共图书馆提供的是公共文化服务,而普惠、均衡是公共服务的基本要求。我们知道,实体图书馆的辐射半径是有一定局限的,超过一定距离限度,去一趟图书馆的时间成本、交通成本太高,读者就会选择不去图书馆了。如果一个行政辖区内的实体图书馆没有连城网,就很难实现公共图书馆的普惠和均衡服务。这就要求我们在进行图书馆建设时,要特别注意按照系统发展的原则,着眼于实体图书馆网络与系统发展的要求,做好规划,做好布局,使得实体图书馆形成合理的格局,实现均衡发展。

要实现公共图书馆的均衡发展,为居民提供普惠的公共文化服务,需要按照公共图书馆系统发展的思想进行顶层设计,使各级公共图书馆形成一个大中小合理布局的完整体系,使得居民可以用较少的时间、交通成本享受到公共图书馆提供的服务。

第六节　功能定位的变迁

无论核心业务、组织形态、服务范式,还是运营模式、建筑形态,这几个都属于图书馆的表象,表象的发展变化显而易见,但我们还要认识到,图书馆的内在的、本质上的转型趋势,即图书馆功能定位的发展变化,这对图书馆事业的发展来说,将起到更为核心的引领作用。

(一)作为信息资源中心,保存传播人类文化成果

保存人类文化遗产是现代图书馆的四大基本职能之一,这一职能也曾是古代图书馆的最重要使命。图书馆的出现就是为了满足人们保存文献的需求,发展到信息时代,图书馆馆藏的含义不断得到拓展,已经远远超出"图书"的范围,不仅包括各种图书文献、缩微胶卷、光盘、照片等实物资源,各种虚拟数字资源也成为馆藏的重要一部分,此外还有其他前所未有的馆藏类型,如美国芝加哥公共图书馆将一

款智能机器人纳入馆藏目录中,可供用户用来学习计算机编程另一方面,随着馆藏的不断丰富,对于馆藏资源的长期保存保护也日益成为图书馆领域的一个重要课题,其中,互联网灰色文献的保存保护又尤其受到关注。

保存的目的是为了利用。现代图书馆将"藏"和"用"结合得更为紧密。文献借阅、文献传递服务等基础服务在信息时代也有新变化。

虽然目前纸质阅读依然占据主要地位,但人们对于电子书、数字图书馆的需求正在飞速提升,纸质书等实物馆藏资源必须通过物理的传播方式,而虚拟馆藏资源拥有更加多样的传递方式,电子书可通过租借电子书阅读器进行借阅,也可通过互联网直接下载。这些新的馆藏资源传播方式需要图书馆在服务功能方面进行拓展,延伸服务就是其中一个重要部分。图书馆是开放的、无障碍的,传统图书馆多集中在阵地服务上,信息时代的图书馆更需要走出去,让馆藏资源更快、更便捷地传递到每一个用户手上,无论他身处何地。

信息时代,图书馆在保存传播人类文化成果方面的基本职能依然存在,这是图书馆的发展之本,是图书馆的功能拓展的基础,如果忽视这一基本职能来谈图书馆的发展就是缘木求鱼。人类文化成果的形态类型多种多样,其保存和传播也不可一概而论,正如实物馆藏不可能永远是唯一的馆藏,虚拟馆藏也不能完全取代实物馆藏的价值,二者相互对立又可高度统一,从这点来说,实体图书馆将永远存在,这也是图书馆作为物理场所的价值之一。

(二)作为社会教育中心,提高公众信息素养

从近代公共图书馆正式出现开始,社会教育就是图书馆特别重视的一大职能,公共图书馆被称为"人民的大学"。发展至今,图书馆是社会教育的重要组成部分,这一观点已深入人心。进入信息时代,公共图书馆的社会教育职能既迎来更好的发展,又面临了新的挑战。一方面,网络信息技术的应用给图书馆带来新的教育内容和教育形式,如远程教育、慕课等,使公共图书馆真正成为"智能教育""终身教育"的重要课堂;另一方面,在学校教育、家庭教育之外,其他各种教育渠道也越来越多,此前图书馆在社会教育中的传统优势被削弱,图书馆的用户被分流减少。因此,公共图书馆在社会教育职能方面需要新的转型发展。

2008 年,中国图书馆学会颁布的《图书馆服务宣言》强调,"图书馆是一个开放的知识与信息中心""图书馆努力促进全民阅读,为公民终身学习提供保障,促进学习型社会的建设"。图书馆是无边界的社会教育中心,图书馆是实行终身教育的理想场所,为大众提供社会教育是公共图书馆的重要使命。公共图书馆可为公众提供最完备的学习条件,如资源、场地、设备等。公共图书馆的免费、开放原则能最大限度地帮助读者进行自主性学习。社会教育是学校教育、家庭教育的重要补充,在这方面,美国公共图书馆做得更为成熟,相比之下,我国公共图书馆在社会教育方面还远远不够,如儿童早期教育、青少年课外学习辅导、就业求职指导等众多方面需要更加努力。

在信息时代的图书馆社会教育中,信息素养是一个重要关键词。1989 年,美国图书馆协会对信息素养进行了简要概括,一个拥有信息素养的人能够确定何时需要信息,并且能够有效地查寻、评价和使用所需要的信息。图书馆尤其是公共图书馆对此负有不可推卸的重要责任。当前,公共图书馆已普遍认可基础服务免费的原则,并且越来越多的公共图书馆认识到了信息素养教育职责的重要性,为用户开设免费计算机技能培训班,免费提供上网,举办各种免费讲座,等等。而随着公共图书馆的发展,其作为社会教育中心的功能势必将发挥更大的作用。

(三)作为知识服务中心,注重智力资源的开发利用

信息时代,知识是第一生产力。在这一大环境下,图书馆作为知识服务中心,提供深度情报服务,开发智力资源,这一服务职能更加凸显出来,在图书馆工作中变得越来越重要。

智力资源包括文献信息资源和人力资源。图书馆对智力资源的开发显然也包括这两个方面。图书馆对文献信息资源的开发即对文献信息资源进行二次、再次挖掘、整合,从书皮深入到书中的内容信息,将图书馆馆藏资源中的情报、信息充分揭示出来;而在人力资源开发方面,则是对于人的潜能开发,包括对馆员的潜能开发以及对用户的潜能开发,人才队伍建设是提升组织机构核心竞争力的关键。这两方面的职能都对图书馆员的专业素养和相关技能水平提出了更高要求。只有高水平的馆员才能承担起对文献资源深度开发的工作,馆员工作能力的提升也是人

力资源开发的一个重要内容。也就是说,图书馆员职业素养在信息时代图书馆中正变得日益重要,图书馆员要不断提升自身工作能力。

为当地社会发展提供智力支持,是公共图书馆的基本职责。公共图书馆在区域经济文化发展中的作用日益重要,从传统简单的科技情报传递服务走向更高深的知识服务,是信息时代公共图书馆的职能拓展的一个重要表现。图书馆可利用本身的知识资源优势,为政府、企业等相关利益者提供从基本的信息检索到定制课题信息跟踪、参考咨询、信息翻译,以及更具智力因素的深度加工的情报资源和研究成果,帮助决策。这对于当地政府、企业等组织机构和个人,或者图书馆本身来说,无疑是一个事半功倍的双赢成果。

(四)作为文化交流场所,满足公众多元文化需求

在现阶段,人民群众日益增长的文化休闲娱乐需求并未得到很好的满足。公共图书馆作为公共文化服务机构,引领公共文化良性发展,满足公众多元文化需求的功能也变得越来越重要。传统图书馆往往局限于简单的文献借阅等基础服务层面,而随着社会的发展,人们需求的丰富,图书馆逐渐强调文化交流场所的功能。图书馆不仅有馆藏资源,还有空间场所;图书馆和用户之间不只是单向的传播文化知识,还可以进行双向的文化交流互动。

图书馆是人的图书馆,人才是图书馆的第一要素。改变过去图书馆作为书的空间的看法,确立起图书馆成为人的空间的理念,更为本质地揭示了图书馆的特性。这也是图书馆"以人为本"服务理念在新时期的进一步拓展深化。这几年,图书馆领域"打造市民第二起居室""图书馆作为城市第三空间"的呼声越来越多,图书馆对于场所价值的重视在这上面表现得十分明显。而借着近年来图书馆建筑建设和改造的潮流,众多图书馆将物理空间重新做功能规划,引入先进的数字技术和多媒体设备,使物理空间与虚拟空间融合在一起,让人们在这里不仅能便捷地获得所需资料信息,还可以参与各种展览、演出、讲座等文化活动,又能和其他人进行交流互动,提升了广大用户的图书馆体验,满足了他们在文化休闲娱乐方面的需求,让图书馆成为众人的精神家园。

（五）作为一种社会制度，维护公民文化权利，促进社会公平

公共图书馆是一种社会制度，主要表现在公共图书馆对于人们文化权利的保障上。不论种族、年龄、性别、经济条件等，让每一个人都能自由、平等地获取信息，这是社会公平、人类文明进步的重要保障之一。

数字鸿沟的出现，进一步加剧了信息时代社会矛盾，公共图书馆就负有消弭数字鸿沟的使命，是促进社会公平的一大坚实力量。实际上，在信息时代之前，公共图书馆就已担负维护社会信息公平这一职责。但因为此前信息资源在社会生活中的作用力还比较小，对人们生活的影响往往局限在某一部分。而在信息时代，网络化、数字化已经深入到社会生活的方方面面，人们的生活方式因此发生了翻天覆地的改变，而信息资源的作用力还在不断增强。因此，公共图书馆的这一功能也随之得到越来越多的关注。1995 年，美国图书馆协会在《美国图书馆事业发展 12 条宣言》中强调：图书馆是改变社会不公平现象的基地。其信息技术政策办公室（OITP）则明确将"提升图书馆作为消除数字鸿沟的关键性机构的地位"作为自己的任务。国际图联也在多个相关宣言文献中强调图书馆在消弭数字鸿沟方面的重要地位和作用。

开放、平等是信息时代的重要特征，也是图书馆的基本理念，从这点来说，当前正是图书馆有史以来最好的发展时期。图书馆是一个不断成长的有机体，其功能定位也在不断发展丰富。在瞬息万变的今天，图书馆已发生的、正在发生的，以及将会发生的变化很难一一表述出来，我们需要认识的是其中最为主要、最为核心的一些变化。在当前现实视域下，横向比较来看，我国公共图书馆的转型发展正处于初级阶段，我们需要做的，就是借鉴前人之辙，改善不足之处，充分实现图书馆的社会价值。

第三章　公共图书馆文化转型与发展

"图书馆文化"理论于 20 世纪 80 年代开始出现,近年来已成为国内外图书馆界颇为关注的一大热点话题。所谓文化,从广义上来说,是指人类在长期的社会实践活动中所创造的物质财富和精神财富的总和。图书馆最初是为保存文化成果而生,随后,人们越来越多地通过图书馆开展文化教育,获得文化信息,参与文化活动,图书馆成为保障公民文化权利的民主机构。而在这漫长的发展中,图书馆又逐渐形成了自己独特的文化——图书馆文化,即图书馆创造的精神文化、制度文化、行为文化、物质文化等物质财富和精神财富的总和。

人是文化的存在。正如企业文化是一个企业的灵魂,图书馆文化对图书馆事业的发展也至关重要。从宏观上来看,图书馆文化有着独特的社会作用,具有保存、整理、激活、交流以及创造文化的社会职能。而作为组织文化具体到图书馆工作上,图书馆文化更能发挥出其导向力、凝聚力、激励力、约束力、影响力及防御力的功能和作用,这六种力存在对立统一的关系,优秀的图书馆文化能引导图书馆内部人员向着共同的目标,凝聚一心,规范举止,积极进取,促进图书馆机构的良性发展,优秀图书馆文化的影响力还可辐射至社会大众,使图书馆的发展与社会的进步和谐一致,实现共同发展。

图书馆文化并非一蹴而就、一成不变,它形成于漫长的实践活动中,有其自身的发展趋势和规律,同时也与整体社会大环境密不可分。图书馆文化随着社会发展而不断变化。在农业时代,图书馆主要是作为文献保藏场所存在,重藏轻用,服务对象局限于统治阶层及知识精英群体。直至工业时代,随着图书馆的发展日渐兴盛,以及真正意义上公共图书馆的出现,图书馆的开放与文献的利用日益受到重视,人们的图书馆观念发生重大改变,图书馆成为公众接受社会教育享受知识自由权利的重要机构,公共图书馆更是被视为社会民主信念的实证,这一观念的转变有力促进了图书馆文化的发展。进入信息时代后,图书馆进入一个全新的发展时期,人本理念得到普遍认可,图书馆发展从书本位走向人本位,丰富多样的文献资源藏以致用,图书馆在社会生活中占据着越来越重要的地位。在这一环境下,图书馆文化重要性日渐凸显,相关研究与实践蓬勃发展,成果斐然,但前路依然艰巨。

图书馆尤其是公共图书馆当前正处于一个重要的转型期,而文化的转型与重构是公共图书馆转型与发展的核心,只有完成了文化的转型与重构,公共图书馆的转型与发展才能真正取得进展。因此,在这一章中,我们将从文化视域着眼,考察公共图书馆的转型与发展。图书馆文化的概念最初是受到现代企业管理理念的启发与影响,借鉴企业文化而提出的。企业文化通常由企业理念文化、企业制度文化、企业行为文化和企业物质文化等四个层次所构成,四者紧密相连,物质文化是外在表现和载体,是行为文化、制度文化和理念文化的物质基础;制度文化是理念文化的载体,同时规范着行为文化;而理念文化则是形成行为文化和制度文化的思想基础,是企业文化的核心和灵魂。基于此,我们在这里也借用这一结构模式对图书馆文化进行论述,即将图书馆文化的结构分为四个层次——愿景文化层(或称理念文化层、精神文化层)、制度文化层、行为文化层和物质文化层,以同心圆作为示意图,则愿景文化居于核心层,制度文化为中层,行为文化是浅层,物质文化则处于最外面的表层。而本章将依次从这四个层面论述公共图书馆的文化重构与转型。

第一节　公共图书馆的愿景文化

图书馆愿景是存在于图书馆背后的核心价值观和理想,这种价值观和理想引导并激励着图书馆所有的管理者和所有的员工,并且在很长一段时期内保持相对不变。一个明确的图书馆愿景,直接影响到图书馆的核心价值观和图书馆文化。在图书馆文化结构的四个层次中,愿景文化属于核心层,是形成图书馆文化制度层、行为层和物质层的思想基础,决定了图书馆文化的发展特性。愿景文化主要指的是图书馆哲学涉及的问题,如图书馆本体论、图书馆价值观、图书馆精神和图书馆道德等,而具体到某一图书馆或团体机构中,则主要通过愿景、使命、办馆理念、宗旨、馆训、馆徽、馆歌等体现出来。

图书馆哲学是一种世界观和方法论,它回答了图书馆"是什么""为什么""怎么做"的问题。"是什么"是从本体论层面探讨对图书馆的界定,"为什么"则从价值观层面回答图书馆存在的依据,从一定意义上说,秉持何种办馆理念和价值定位,决定着图书馆的发展方向,因此,图书馆价值观是图书馆哲学思想体系的核心,它反映着人们对图书馆的根本看法和总体评价。"怎么做"则是回答方法论层面的问题,"怎么做"受"为什么"的指导。图书馆价值观与图书馆精神也有区别,图书馆价值观的诉求对象首先是社会、图书馆以外的人员,其次是图书馆自身、馆员;而图书馆精神是人们在长期的图书馆活动中逐步形成的,并为众人所认可,对图书馆职业所承担的社会义务的文化自觉,其诉求对象首先是图书馆自身、馆员,其次是社会。图书馆精神更为精炼、更为形象,通常外化为馆训、馆徽等形式展现,其作用主要是激发主观能动性。图书馆道德则更着重于行为的规范,要求人们"应该怎么做",在馆训、服务规范中多有体现,但并非如制度依靠强制实现,而偏向自律。

(一)从封闭到开放的图书馆愿景文化

从图书馆的发展历史来看,图书馆办馆理念经历了从封闭到开放、从以藏为主到藏以致用、从书本位到人本位、从馆员主导到读者第一的变化。

中国古代的藏书楼与近、现代图书馆存在很大差异,但与西方国家的古代图书馆相比,还是较为一致的。中国古代的藏书主要分为四种类型:官府藏书、私人藏书、书院藏书以及寺观藏书,其中,官府藏书和私人藏书规模更大。而西方古代图书馆则大致包括皇家图书馆、教会图书馆、学院图书馆和私人图书馆,其中皇家图书馆和教会图书馆最为主要。但无论是中国古代的藏书楼还是西方古代的图书馆,它们最初都是以文献收集保存场所而出现,与档案馆无异。为了更好地保存文献,图书馆(藏书楼)实行严格的封闭式的管理,只有统治阶级或知识精英阶层的人才能有幸接触图书馆所藏文献,对其利用极为有限。由于侧重于藏,对整个社会来说,图书馆的影响力范围相对较小,但图书馆从业人员地位较高,占据知识文化优势,备受尊重。中国的藏书楼文化在这方面表现尤为典型。

有研究者认为,到了宋代中国古代图书馆学思想已全面形成,宋明清是中国古代藏书楼文化的繁荣时期。而作为中国历史文化的重要组成部分,中国古代藏书楼文化明显地包含着以儒家思想为主体的伦理型文化传统的性质。当时尽管已有少数有识之士意识到图书馆的重要性并提出建立公共书楼的设想,但依然是将"藏"置于"用"之先,"公藏公用"的观点影响不大,人们还是普遍认为图书馆是一个收集保存图书文献的场所而已,相关活动都是围绕图书文献展开,如中国古代的目录学、版本学、校勘学等,都是以图书文献的保藏为中心。图书馆文化层面的意义尚未被人们所关注,更无人谈及图书馆哲学、图书馆价值观、图书馆精神、图书馆道德等图书馆愿景文化相关内容。

随着图书馆事业的不断发展,图书馆人开始有意识地思索"图书馆是什么""图书馆的作用职能"等问题,西方国家在这方面表现突出,并取得了较大成果。而在中国,晚清之后,延续了几千年的封闭型藏书楼文化开始衰落,西方近代图书馆文化理念逐渐输入,直至今日,我们当前所接受的图书馆思想已基本都是西学东渐的产物。

文艺复兴运动是图书馆愿景文化发展历程中的一个重要事件。文艺复兴是一场弘扬新兴资产阶级文化的思想解放运动,以人文主义精神为核心,肯定人的价值,主张个性解放和平等自由,认为世界的本质不在于神而是人本身。文艺复兴促进了图书馆事业的发展,"人本""自由""平等"等思想的广泛传播更是带来了"开放"图书馆的观念,图书馆开始向社会公众敞开大门。文艺复兴之后,宗教改革和启蒙运动进一步推动了近代西方社会的思想解放,从"人"的发现过渡到对人运用思想的肯定,理性主义成为时代精神。在社会崇尚理性的大环境下,图书馆的理念也慢慢得以成熟越来越多图书馆——包括私人图书馆在内——向公众敞开了自己的大门,有的图书馆明确提出了"向一切愿意来馆学习的人开放"的办馆宗旨,众多学者积极展开图书馆学方面的探讨,并特别强调了图书馆的功用。其中,作为近代图书馆理论的创始人,德国奥古斯特公爵图书馆馆长、德国著名的数学家和哲学家莱布尼茨的观点十分具有代表性。莱布尼茨指出,图书馆应当是用文字表述的人类全部思想的宝库。对于杰出人物著作的收集应不分民族、不分时代,而是以其思想是否对后人有可取之处为标准。他十分重视藏书的质量,并进一步指出,有学术价值的新出书刊,应当及时地、连续地、均衡地补充采购。他还提出,图书馆必须有固定的经费。此外,莱布尼茨更是强调,图书馆的头等重要的义务是:想方设法让读者利用馆藏,为此必须配置完备的目录,同时主张尽可能地延长开馆时间,不要给图书出借规定太多的限制,还要求馆内有取暖设备和灯光设备这种开放的、重视馆藏利用的图书馆理念逐渐为人们所认可,为现代公共图书馆的出现提供了良好的思想基础。

19 世纪现代公共图书馆的出现无疑是一个历史性界碑,公共图书馆以公共资金为支持、对市民完全免费开放的规定被作为法律条款正式确立下来,这一立法保障促进了公共图书馆的繁荣发展,也对其他类型的图书馆带来积极影响,"开放"从此成为图书馆的一个基本要素。到了 20 世纪,全世界尤其是欧美国家已有很多国家建立了较为全面的图书馆体系,图书馆活动的发展走向职业化、专业化。图书馆的影响力不再局限于领域内,对民众教育、社会发展的宏观作用日益凸显,理论研究也不再是图书馆学家就图书馆技术与应用中的微观问题的个别性研究,而是更多地展开了对图书馆的基础理论探索。图书馆愿景文化在这一时期也得到了重大发展。此前杜威所倡导的"人民的大学"公共图书馆理念曾在整个图书馆界盛极一时,公共图书馆的社会教育职能得到普遍关注,图书馆员常以高姿态强势介入读者的社会教育中。这一做法受到了后来者的广泛质疑,如 1939 年《美国图书馆权利宣言》确立的"图书馆自由"原则要求,图书馆员提供服务时,在意识形态上必须保持中立性、客观性和被动性吭杜威之后,"芝加哥学派"以高度的理性主义倾向建立了新的图书馆学知识体系,他们从历史、文化和社会的角度思考图书馆生存的哲学等更为本质的问题,认为图书馆是一种"社会机构"。而印度图书馆学家阮冈纳赞结合自己多年的图书馆工作实践经验提炼的"图书馆学五定律"更是高度概括了图书馆的性质和任务,至今仍颇具生命力。

1949 年的《联合国教科文组织公共图书馆宣言》是图书馆愿景文化发展中的一个里程碑,是对长期图书馆活动中形成的公共图书馆精神的一次总结提炼,也是站在图书馆长远发展的战略高度,结合形势发展变化需求而做出的一次创新之举。宣言确立了公共图书馆是"民主社会的保障"的理念,"有了这种认识,图书馆理论界就很好地阐明了公共图书馆存在于社会的必要理由,使人们理解了图书馆与社会发展内在联系"至此,全世界各地发展图书馆事业时就有了一个基本理念依据,在这一共同愿景的指引下,图书馆才得以不偏离正道,不断向前行进。

(二)现代公共图书馆基本理念

1949 年的《联合国教科文组织公共图书馆宣言》发布后,在 1972 年、1994 年曾先后进行修订,现在公众广为接受的正是 1994 年联合国教科文组织和国际图联共同制订的《公共图书馆宣言》。其中确立的公共图书馆基本理念适用于全球各个国家和地区,对我国公共图书馆同样适用。以《公共图书馆宣言》为蓝本,国际图联、相关图书馆协会,如美国图书馆协会(ALA)、澳大利亚图书馆和信息协会(ALIA)、加拿大图书馆协会(CLA)等,以及众多图书馆也都发表了自己的图书馆愿景,多以"核心价值"(corevalues)、"使命"(mission)或"愿景"(vision)为题。中国图书馆学会也在 2008 年发布了《图书馆服务宣言》,正式表达了我国图书馆界对图书馆愿景的理解。此外,图书馆学界也对此展开了各种讨论,众人关注度较高的主题包括:图书馆核心价值、图书馆精神、图书馆权利、图书馆职业道德观等。

在各类型图书馆中,公共图书馆最为特别。有学者指出,从社会的角度看,其他类型的图书馆只是一种社会机构,而公共图书馆不但是一种社会机构,而且是一种社会制度。公共图书馆是图书馆事业的旗帜,自公共图书馆出现后,就一直是图书馆中最受关注的一支。公共图书馆是面向全体公众开放的,影响力之广可谓第一,其理念也最具代表性,联合国教科文组织与国际图联共同发布的《公共图书馆宣言》已成为整个图书馆界如"宪法"般的存在。尽管各图书馆协会或公共图书馆提出的图书馆愿景表述不一,但是,万变不离其宗,不管如何变化,一些最核心的、最基本的要素始终如一,那是公共图书馆理念中的关键所在。我们可以将之表述为:公益、人本、开放、平等、共享、普惠。

1. 公益

公益即公共利益,公益性是公共图书馆的立馆之本。公共图书馆的天然使命是实现和保障公众利益,追求的是公共利益的最大化,体现的是全体社会成员的共同利益。公共图书馆不但是面向社会公众的公共文化服务机构,更是保障公民文化权利、促进社会民主发展的制度安排,"是传播教育、文化和信息的一支有生力量,是促使人们寻找和平和精神幸福的基本资源"。国家和地方政府负有建立公共图书馆的责任。从英国开始,现代公共图书馆自出现之始就奠定了这一基本要求:公共图书馆的建立发展应由国家和地方政府通过财政拨款支持,并提供立法保障,公共图书馆为公众提供免费服务。在引入市场经济后,我国图书馆界曾广泛采取"有偿服务"方式,片面追求经济效益,违背了公共图书馆的公益性原则,对公共图书馆事业的发展带来了很大的负面影响。由于各种因素,要求公共图书馆免费提供所有服务这点在实际中很难执行,但是,基于公益性原则,公共图书馆应坚持免费提供基础服务,如免费办证、免费借阅等,且随着图书馆事业的发展进步,应不断扩大免费服务的范围,让公共图书馆的公益性得到最大化实现。

2. 人本

人本即以人为本。人是图书馆的第一要素,图书馆是人的图书馆,这已成为图书馆界的普遍共识。图书馆是因人的需求而诞生的,在其发展过程中也是不断随着人们需求的改变而发生变化。公共图书馆的发展应以公众需求为导向,围绕"人"来展开工作,实现人性化管理。这里的"人"指的是公共图书馆的利益相关者,不仅包括读者,也包括馆员。这正是众多图书馆提出"读者第一,服务至上""一切为了读者"等理念的根据所在。"图书馆作为一个文化生命体,其价值追求的重要目标是建立个人愿景和组织愿景相一致的共同愿景,而这种愿景又是通过馆员的文化自觉行为外显的。"而从这点来看,目前很多图书馆对于"馆员"的认识还不够,因此,如何更好地认识到"馆员"的作用,将"馆员"与"读者"的权利相结合,更好地激发二者的活力,这也是实现图书馆以人为本理念的一个重要课题。

3. 开放

从封闭到开放,是古代图书馆与现代图书馆的最大变化。公共图书馆服务于社会公众,必然是对全社会普遍开放的,开放是智识自由的保障。另一方面,图书馆要不断发展,也必须坚持开放的理念,开拓才能进取,固步只会自封。正如中国图书馆学会《图书馆服务宣言》指出的公民进行文献阅读与信息获取,是他们参与社会管理、从事科技与经济活动、促进个人全面发展的需要,而使用图书馆则是他们行使其信息权利的途径,各类型图书馆应该提供开放服务以保障公民自由阅读与平等获取信息的权利。

4.平等

图书馆的开放理念强调无限制的服务,而平等理念则关注无差异的服务。"每一个人都有平等享受公共图书馆服务的权利,而不受年龄、种族、性别、宗教信仰、国籍、语言或社会地位的限制。对因故不能享用常规服务和资料的用户,例如少数民族用户、残疾用户、医院病人或监狱囚犯,必须向其提供特殊服务和资料,"我国有学者也曾指出,"图书馆是否提供平等服务,主要取决于图书馆服务是否体现无身份歧视原则和关爱弱势群体原则。"20世纪我国的公共图书馆领域曾出现"区别服务"思想,这是与平等理念相悖的。区别服务根据读者职业、年龄、文化水平等的不同人为地将读者分成不同类别,虽然其出发点是为了提高服务质量,但在实际执行过程中却并未取得良好的效果,反而给图书馆事业的发展带来了一定消极影响。

5.共享

图书馆的"共享"理念在当前信息时代正越来越受到重视。中国高校馆长论坛《图书馆合作与信息资源共享武汉宣言》指出:"我们认同信息资源共享的最终目标:使任何人在任何时候、任何地点,均可以获得任何图书馆的任何信息资源"。在信息时代,公共图书馆在消弭数字鸿沟或信息鸿沟方面更应比其他类型图书馆自觉承担起这一重要责任。公共图书馆可通过数字图书馆、馆际合作或与其他组织机构合作等方式促进资源共享,确保用户能有效获取公共图书馆的信息资源及服务。

6.普惠

普惠即让公共图书馆的服务普遍地惠及全体人民,普惠理念是公共图书馆社会职责的必然要求。为此,公共图书馆应以全体人民为服务对象,促进图书馆服务的均衡发展,尤其是城乡之间、地区之间的协调发展,建立覆盖全社会的公共图书馆服务体系,让所有人都能就近获得服务。而这也是保障广大人民群众公平享受社会文化资源、实现信息公平的主要途径。

(三)信息时代公共图书馆的愿景文化建设

图书馆愿景在图书馆发展中发挥着至关重要的作用,是图书馆进行决策的根本指导思想和思维方法,是组织成员的行动指针。进入信息时代后,图书馆人对于图书馆愿景的研究与实践也不断升温。目前,国内图书馆界比较关注的有"图书馆精神""图书馆权利""图书馆职业道德""图书馆核心价值观"等。

中山大学图书馆馆长程焕文十分重视图书馆精神的探讨与实践,他将"图书馆精神"高度概括总结为"爱国、爱馆、爱书、爱人",他还把"智慧与服务"(曾为文华图书馆学专科学校的校训)定为中山大学图书馆馆训,并做出解读"我们崇尚智慧,因为——图书馆是知识的天堂,智慧是馆员的力量,智慧是服务的光芒,智慧是事业的弘扬。我们至诚服务,因为——图书馆是信息的海洋,服务是馆员的天职,服务是智慧的土壤,服务是人生的理想"。虽然中山大学图书馆并不属于公共图书馆,但其在图书馆愿景的探索与实践堪为楷模。

目前,国内只有少数公共图书馆制定了馆训,如广东省立中山图书馆馆训"渊深者修诸己,汲养者惠于人";深圳南山图书馆馆训"敬业勤业,自强自信,团结协作,开拓奉献";四川泸州市图书馆馆训"文明兴馆,求实创新,团结奉献";浙江台州市椒江区图书馆馆训"热情、奉献、求实、创新";新疆维吾尔自治区图书馆馆训"求真务实"。而更多的图书馆则通过确立使命、核心价值观、服务理念、目标等来传达其愿景文化,如:首都图书馆提出,遵循"大开放、大服务"的服务理念,成为全国开放度最高、融合度最好的公共图书馆;致力于成为首都先进文化的辐射源、学习型城市的策源地、市民学习休闲的目的地和文化之都的重要标志。上海图书馆上海科学技术情报研究所提出,秉承"精致服务、至诚合作、引领学习、激扬智慧"的核心价值观,以"积淀文化,致力于卓越的知识服务"为使命,努力建设世界级城市图书馆。杭州图书馆提出"平等、免费、无障碍"的理念,以及"平民图书馆,市民大书房"的目标。

相比之下,西方国家的图书馆界在愿景文化建设方面更为成熟。馆训方面如:美国佐治亚区公共图书馆(Georgia Regional Public Library)馆训"让你的思维驰骋"(let your mind soar);美国纽约公共图书馆(New York Public Library)馆训"最重要的是,真理滋生了成功"(but above all things,truth bearish away the victory)。而作为图书馆界对于自己的责任或使命的一种系统的说明,图书馆核心价值方面的研究在国外图书馆界更是取得了令人瞩目的成果。美国图书馆协会(ALA)于 1999 年成立了"核心价值任务小组"(Core Values Task Force),历经多年的探讨研究,终于在 2004 年达成共识发布了图书馆的 11 点核心价值:公平取用(access);隐私权(confidentiality/privacy);民主(democracy);多兀性(diversity);教育与终生学习(education and lifelonglearning);维护知识自由(intellectual freedom);公共资产(thepublicgood);保存资源(preservation);馆员的专业性(professionalism);服务民众(service);社会责任(social responsibility)。

加拿大图书馆协会(CLA)确定的图书馆价值为:①智识自由(intellectual freedom);②多样性(diversity);③透明与开放的沟通(transparency and open communication)④责任制(accountability)⑤普遍获得图书馆服务(universal access to library service);⑥成员的声音和贡献(member voices and contributions);⑦协作(collaboration)。

澳大利亚图书馆和信息协会(ALIA)发布的"核心价值"为:①保证自由开放获取知识的记录、信息、创作;②促进入们的思想交流;③致力于提高人们的信息素质和提供学习资料;④尊重读者的多样性和个性;⑤保存人类的记录;⑥为成员馆提供杰出的专业化服务;⑦推动以上这些价值观的合作伙伴。

总之,可以得到的一点共识是:愿景文化建设现已成为图书馆界的一大热点。而随着社会环境的发展变化,人们对公共图书馆的认识也在不断发展。如从"公共图书馆是市民的第二起居室"到"公共图书馆作为城市第三空间"观点的变化。吴建中分析了这两种观点的不同,前者突出的是图书馆与市民之间的关系,强调图书馆应该更加开放和温馨一些;而后者更加突出图书馆在城市中的地位,以及与城市和市民之间的关系。所谓第三空间,是区别于作为第一空间的家庭居住空间和作为第二空间的职场而言,相比之下,第三空间要更为自由、宽松,是一个城市中最能体现个性和活力的地方。在信息时代,社会发展步伐不断加快,公共图书馆的使命、责任、服务理念等必然也要与时俱进,在社会发展中承担起更为重要的作用。把公共图书馆作为城市的第三空间,正是图书馆人对新时代环境下公共图书馆在区域社会中的作用和价值的新探索。

第二节 公共图书馆的制度文化

图书馆制度简单而言就是为图书馆制定的各种规章制度、标准守则等,它是人们在图书馆实践活动中或普遍约定的,或自觉设计的一种行为规范,需要大家共同遵守。任何一种制度都是一定文化的反映,图书馆制度文化反映和表现着人们的图书馆愿景文化,是愿景文化融入行为文化的保障,图书馆愿景文化通过制度文化对行为文化、物质文化产生作用,因此,图书馆制度文化对图书馆文化的发展起到重要的影响,是塑造和延伸图书馆文化的有力手段和坚实保证。

图书馆制度数目众多,内容繁杂,我们可以将其从纵向角度分为国际级图书馆制度、国家级图书馆制度、地区级图书馆制度及馆级图书馆制度,从横向角度可划分为图书馆综合制度、图书馆行政管理制度、图书馆业务管理制度等,各种制度彼此之间相互联系、相互制约、相互补充,共同组成一个有机的图书馆制度体系。图书馆制度文化作为一个大系统,包含着图书馆领导体制、图书馆组织机构以及图书馆管理制度。其中,图书馆领导体制是制度文化的核心内容,影响着图书馆组织机构的运行,制约着图书馆管理的各个方面在信息时代,随着信息通信技术的发展,采访部、编目部、流通部等按照业务流程设置的传统业务部门被合并裁撤,新的部门则可能是围绕某一项目进行设置,如公共文化服务部、情报研究部,图书馆的组织结构逐渐由多层塔式结构向扁平化发展,管理层次减少,管理团队规模缩减,但管理跨度却得到扩大,高层领导可对基层每一位馆内员工实现直接沟通协调,信息传递更为灵活迅速,图书馆工作效率因此大大提升。此外,图书馆制度文化作为图书馆文化的一个组成部分,同样会受到外部环境的影响,如社会经济基础、政治体制、思想观念等,图书馆制度文化的发展程度就是由这几个主要因素决定。如我国现有行政体制与财政体制下实行的"一级政府建设和管理一个图书馆"的做法就不同于西方国家图书馆普遍采取的总分馆制。

(一)从强制律他向自觉律己发展的图书馆制度文化

正所谓,没有规矩不能成方圆。图书馆诞生至今,图书馆制度也已绵延久远。

农业时代(19世纪末之前的中国和17世纪前的西方)的图书馆以藏为主,其制度内容也主要是关于图书文献的收集、整理与保存,相对比较简单。我国东汉时期朝廷官制中开始正式出现藏书管理专职官吏,官府藏书实行专人专职管理开始成为常制,这一制度在此后不断延续完善,形成了较为完善的藏书楼管理系统。在机器印刷技术出现之前,图书文献是社会上十分珍贵的资源,一方面,为保证所藏文献质量,会十分重视对藏书的校勘;另一方面,为了防止这些珍贵文献资源被毁损,图书馆大多实行封闭式管理,不仅有着十分严格的防火防潮等规定,还严格限制外借、流通,利用较少。据《南宋馆阁录》及其《续录》中记载,当时的官府藏书管理机构已制定出一套严格的典籍校勘规范和编目工作条例。此外,除了严格的出借制度、书库管理制度,还有定期曝书制度,规定"每年的7月7日为曝书之日,由秘书省官员集中举行仪式,把所藏典籍清理晾晒,如遇雨则改期"。

进入工业时代后,随着图书馆事业的蓬勃发展,图书馆制度的范围日益扩大,国际级图书馆制度、国家级图书馆制度大量出现;内容也更为细致深入,建立起全面的图书馆制度,让图书馆的建立、管理、经营,馆员的认证、选聘以及图书的采购、呈缴、分类、编目、借阅、流通等均有章可循。图书馆之间馆际合作、国际交流活动日益频繁,并随着现代图书馆基本理念的确立,世界各地的图书馆制度的统一性也越来越高,布朗提出的开架借阅制被各图书馆普遍采用,《杜威十进分类法》盛行全球。尤为重要的是,这一时期国际组织及各国对于图书馆立法的重视。相对于一般规章制度,图书馆法更具权威性。一套完整的图书馆法律体系是图书馆事业健康有序发展的根本保障。1994年的《公共图书馆宣言》明确指出"建立公共图书馆是国家和地方政府的责任,必须专门立法维持公共图书馆"。世界上第一部全国性图书馆法是在英国诞生的,而美国则是世界上在图书馆立法方面做得比较完善的国家,"据统计,仅19世纪后半叶,美国马萨诸塞州制定的有关图书馆法令大约有60条。"我国近现代图书馆法制建设则相对落后,与美国比较差距较大。晚清时期我国开始向西方学习发展图书馆事业,清政府与国民政府曾先后发布《京师图书馆及各省图书馆通行章程》《图书馆规程》《通俗图书馆规程》等数十部图书馆法令规章,但实际收效甚微。至今我国在图书馆立法方面仍然进展缓慢,充满坎坷。

　　和农业时代的"书本位"图书馆制度相比,这些法规制度更注重"人"的因素,对图书馆的服务提出了更多要求,尤其是在促进读者阅读方面。多数图书馆开馆时间得到延长,如美国国会图书馆甚至每晚及周末都向读者开放。但是,这种"人本位"的图书馆制度文化最开始多是站在图书馆管理者和馆员的立场上,以图书馆管理者和馆员的方便和利益为出发点,对普通员工和读者的约束限制较多,有的图书馆制度中还存在一些霸王条款,给读者造成不便甚至不满。古越藏书楼是我国第一家向公众开放的、带有近代公共图书馆特征的图书馆,其创办人徐树兰综合参考了当时世界各国规制而制定成《古越藏书楼章程》,所含内容从创办宗旨到藏书管理、借阅方式、行政管理等一应俱全,其中涉及读者管理的"阅书规程"就占到了全部章程的一半,对读者的言行举止都有详细规定,有的规定在现在看来过于琐碎,显然是将读者置于被管束的一方对待,未能平等相待,有失偏颇。

　　信息时代为人们带来极其丰富的信息资源和更加多样的信息获取方式,在新的挑战下图书馆也发生了巨大的变化。表现在图书馆制度方面,一方面,与计算机技术和互联网技术相关的图书馆制度不断出现,计算机、互联网等新技术在图书馆的广泛应用促使了馆内业务流程、岗位设置的改变,图书馆组织结构、管理体制也发生着相应的变化,扁平式组织结构逐渐取代传统的多层塔式结构,越来越多的图书馆采用总分馆制。另一方面,图书馆制度文化从过去的"强制律他型"向"自觉律己型"转变。这一改变是自上而下进行的,联合国教科文组织、国际图联以及各国图书馆协会等组织多以"宣言"的形式发布对图书馆发展的主张,如《公共图书馆宣言》《图书馆与知识自由宣言》《图书馆、信息服务机构与知识自由的格拉斯哥宣言》、美国图书馆协会《阅读自由宣言》等,强调"知识自由""读者权利"等内容,推动公益、人本、开放、平等、共享、普惠的公共图书馆基本理念日益深入人心。同时,越来越多国家以"公约"的形式发布图书馆员的职业观念和行为准则,在国际图联网站,可查到全球40多个国家发布的图书馆员职业道德准则,我国也已发布《中国图书馆员职业道德准则》《公共图书馆服务规范》等相关要求,与各种"宣言"相辅相成,共同构成新时期图书馆制度文化的主基调,使这一时期的图书馆制度文化呈现出有别于以往的鲜明特点。这些文件更加注重对价值观念的引导,强调读者的权利和图书馆的责任,规范图书馆员职业道德,倡导馆内员工、读者的自觉自律行为。落实到微观层面,各图书馆的行政、人事、读者服务等针对人的管理制度方面,则更加入性化,在涉及读者方面的制度尤其明显,越来越多地以读者为导向,主动满足不同读者的多样化需求。正如有研究者指出的,"国内图书馆管理制度中的文化现象正在从'书本位文化'向'人本位文化'、从'强制型文化'向'公约型文化'过渡"。

(二)公共图书馆作为一种社会制度

这里所指的"公共图书馆制度"有两层含义,一方面是指公共图书馆的具体制度,如各公共图书馆及其上级机构制定的各项规则、规定、章程、制度、守则、标准、程序、决定、办法、方案细则、措施等内容;另一方面是指公共图书馆作为一种社会制度。后者是公共图书馆区别于其他类型图书馆的关键所在,任何一个图书馆都有其制度,但公共图书馆还是社会民主、公民文化权利的制度保障,更应得到我们的重视。

人们对于"公共图书馆作为一种社会制度"的认知由来已久。从最初英国、美国通过的关于公共图书馆的法案开始,公共图书馆就被赋予一个非常独特的地位,和法律制度、财政制度、行政制度等各种国家制度紧密相连。此后杜威的"人民的大学"论着重强调了公共图书馆的教育功能,公共图书馆在杜威等人眼中已上升为一种"信仰",而不仅仅是一个为大众服务的文化机构。在杜威等人看来,有了知识,人民将不再愚昧,公共图书馆为社会公众提供了受教育的机会,可提升每个人的品行素质,从而推动整个社会进步。这一认知随后被1949年版的《联合国教科文组织公共图书馆宣言》正式采纳,确立了"公共图书馆是平民教育及国际互谅的生力军,进而推动和平"的理念,提出"公共图书馆是现代民主政治的产物,也是终身教育过程中,民主信念的实证"。从此,人们更多地从社会制度的层面来看待公共图书馆,联合国教科文组织、国际图联等国际组织以及各国不断在其发布的相关制度文献中阐明深化这一观点,让公共图书馆制度的含义得到不断发展,人们纷纷探索公共图书馆作为一种社会制度的价值所在,成果颇丰。

和西方相比,公共图书馆在中国出现的时间较晚,不过由于当时现代公共图书馆体制已在西方发展得较为完备,因此公共图书馆制度的观念较快为当时的中国图书馆人所接受。早在1921年,美国芝加哥学派尚未登上历史舞台之时,我国著名图书馆学家刘国钧就率先提出"图书馆是一种制度"的观点。然而在此后很长的时间里,这样的声音一度遭遇寒流,公共图书馆的制度文化走入歧途,有偿服务、区别服务制度统治了所有的公共图书馆。新世纪后,随着1994年版《公共图书馆宣言》在中国的传播日益广泛,因为各种因素导致的断层又得到了延续,众多图书馆人不遗余力地对"公共图书馆制度"展开探讨,推动"公共图书馆作为一种社会制度"成为国内图书馆人的普遍共识。如范并思所言公共图书馆的社会意义在于,它的存在使社会中每一个公民具备了自由获取知识或信息的权利,它代表的是一种社会用以调节知识或信息分配,以实现社会知识或信息保障的制度。公共图书馆制度能够保障社会成员获取信息机会的平等,保障公民求知的自由与求知的权利,从而从知识、信息的角度维护了社会的公正。蒋永福也明确指出,公共图书馆的制度价值主要表现在四个方面广公共图书馆是公民文化权利的保障制度之一;公共图书馆是社会信息公平的保障制度之一;公共图书馆是民主政治的保障制度之一;公共图书馆是社会包容的保障制度之一。由政府提供经费支持、免费服务、平等对待读者,这是实现公共图书馆的制度价值的基本前提。其中,政府的供给责任尤为重要,公共图书馆建立和发展所需经费和法制保障必须由政府提供,这一点已在联合国教科文组织《公共图书馆宣言》中明文确立。巧妇难为无米之炊,公共图书馆要实行基本服务免费,以及为读者提供普遍均等的服务,是需要一定的前提基础的,而实现这种前提基础就离不开政府的支持。"图书馆尤其是公共图书馆作为消费性公益组织,其发展所需的各种资源必须得到政府的提供。"当然,政府承担的这一供给责任是体现在更为宏观的治理层面,如秩序监控等,而非直接管理。而且政府对图书馆的治理应有相关制度作为制度保障,其行为应符合相关制度所确定的方向与要求。

目前,我国还没有出台全国性的公共图书馆专门法,但相关的法规政策已发布不少,最近的就有《公共图书馆服务规范》《全国公共图书馆事业发展"十二五"规划》等,这些文件都强调了公共图书馆作为公共文化服务体系的重要组成部分,是政府丰富人民精神文化生活、保障人民基本文化权益和满足人民群众基本文化需求的重要支撑,应在公共财政的保障下,构建普遍均等、惠及全民的公共图书馆服务网络。以 2012 年《公共图书馆服务规范》为代表来看,作为公共图书馆事业发展的又一制度保障,《规范》以国际图联和联合国教科文组织制定的《公共图书馆服务发展指南》为重要参照,借鉴了英国、美国、澳大利亚、日本等国已制定的图书馆服务标准和相关法规中好的理念和做法,从服务资源、服务效能、服务宣传、服务监督与反馈等对公共图书馆服务的各个方面进行了全面而具体的规定。《规范》特别对各级政府提出了履职和统筹规划的要求,明确了公共图书馆服务体系的建立应以政府为主导,公共图书馆的服务应体现以人为本的原则以及公益性、基本性、均等性和便捷性的服务定位,指出公共图书馆的服务对象包括所有公众,提供的基本服务应免费等。同时,根据当前信息时代的发展需求,还对电子信息设备、电子文献资源、远程服务等做了相关规定,体现了新时期公共图书馆满足公众知识信息需求的发展方向。

(三)积极探索中的公共图书馆制度文化建设

从前面我们了解到,"公共图书馆作为一种制度"的价值的实现,就需要建立一个普遍均等的、覆盖全社会的公共图书馆服务体系。这样一来,我们首先面临的就是现有公共图书馆管理体制(一级政府建设和管理一个图书馆)的阻碍。图书馆领导体制是图书馆制度文化的核心内容,换言之,公共图书馆制度文化建设是我国图书馆事业发展的一个重点难点工作。1949 年之后,我国图书馆系统采用的是苏联模式的管理体制,各类型图书馆分属文化、教育、科研等多头领导。目前,我国公共图书馆体系共分六级:国家、省、市、县(区)、乡镇(街道)、村(社区),以省、市、县三级图书馆为主体。其中,全国性的公共图书馆归属文化部管辖,而省市县各级的公共图书馆直接由当地政府的文化行政部门管理。因此,我国公共图书馆事业的发展严重受到现有政府行政体制和财政体制的限制。和中国不同,西方国家的图书馆体制多采用分权分散型管理模式,国家政府对图书馆的作用只是协调、监督,提供经费补贴、预算和设施,图书馆之间联系紧密,协作更加方便,有利于为公众提供便捷的服务。

缺乏完善健全的政策法律支持和过多的行政干预等诸多原因,导致我国图书馆领域官僚作风盛行,服务质量低下,"脸难看、事难办"的现象屡见不鲜,图书馆一度被视为"老弱病残收容所"。公共图书馆的发展严重滞后,改革势在必行。从20世纪80年代开始,我国图书馆事业在党和国家的大力支持下开始蓬勃发展,馆舍面积、馆藏册数等被视为衡量一个图书馆绩效的最主要标准,导致包括公共图书馆在内的各类型图书馆大兴土木之风,甚至迷失在对各种数字的片面追求上。进入新世纪后,随着知识经济的发展,越来越多人意识到图书馆的发展必须从数量向内涵转变,而制度文化建设作为图书馆内涵建设中一个重要内容正日益受到重视。

在世界各国中,美国的图书馆制度文化建设较为成熟。美国的图书馆制度资源比较完备,已形成一套完整的图书馆制度体系。美国属于联邦制国家,不管是联邦政府还是州政府,都十分重视图书馆法规建设,从1848年第一部关于建立波士顿公共图书馆的法案在马萨诸塞州通过至今,美国已出台了100多部和图书馆相关的法律法规。美国图书馆协会制定了众多"标准"(standards)及"指导方针"(guidelines),内容涉及信息素养、行政管理、馆藏资源、馆员继续教育、为弱势群体服务、职业伦理、用户服务等方面,与联邦及州政府颁布的图书馆法律法规共同构成了一套完备的图书馆制度体系,为美国图书馆事业的发展提供有效的制度保障,贡献巨大。

从这点来看,美国图书馆制度文化建设方面的经验很值得我国借鉴。目前,我国的图书馆制度建设尚在万里长征第一步。首先,全国性图书馆专门法的缺位是一个最严峻的问题。1993年,我国文化部就开始着手起草《中华人民共和国图书馆法》,中间数经波折,进展缓慢,至今仍未取得实质性成果。而另一部《公共图书馆法》于2009年开始启动立法工作,截至目前还未正式出台。显然,这方面仅有图书馆人的努力是不够的,更需要国家政府的参与,担负起这一重要责任,尤其是对于公共图书馆来说,政府必须承担主要的提供主体的责任。近十多年来,我国多个省市发布了具有法律效力的地方性图书馆管理条例,主要集中在经济水平发展较好的地区,如北京、上海、深圳、浙江等地,但总的来说相较于现实需求还远远不够。

其次,需要建立起一套完备的图书馆制度体系,包括评估制度、文献管理制度、从业人员职业资格认证制度、馆际合作制度等。国内学者不断强调,"对图书馆事业的发展来说,立法保障绝不仅仅是制定一部两部专门性法律法规。图书馆法治建设的目标,是形成图书馆事业发展的法律保障体系,营造图书馆事业发展的法治环境"。在国家图书馆重大科研项目《社会公共服务体系中图书馆的发展趋势、定位与服务研究》报告中,课题组成员分别从政策支持、体制创新、制度保障三大视角提出多项可行性建议:完善行业法规;制定发展规划;制定行业规范;管理体制改革;发展农村图书馆;少儿图书馆改制;从名称上突出公共图书馆的公共性质;深化人事制度改革;拓展、稳固事业经费;建立职业准入和任职资格制度;健全呈缴本制度;发挥政府信息公开职能。这些建议基本上都属于图书馆制度文化建设的内容,同时报告还呼吁政府部门"及时调整、完善相关政策法令,将政府职能与社会进步密切联系起来,政出有道、法行有据,最终达到事业建设应然与实然的真正统一"。新中国成立至今,我国政府部门已制定过 300 多项与图书馆、档案、文献与情报工作相关的国家标准(部分现已废止),内容涉及书目著录、文献分类、主题标引、书目情报交换、磁带格式等方面。专门针对公共图书馆的全国性标准则有《公共图书馆建设标准》《公共图书馆建设用地指标》《各级公共图书馆评估标准细则》《公共图书馆服务规范》等,对公共图书馆事业的规范化发展起到了一定的推动作用。另外,根据 2013 年初文化部印发的《全国公共图书馆事业发展"十二五"规划》,我国将把加强公共图书馆的制度化、标准化和规范化建设列入"十二五"时期重点任务,积极推进《公共图书馆法》《古籍保护条例》等图书馆相关立法进程的同时,也要进一步建立健全公共图书馆标准规范体系,我国图书馆制度文化建设已迎来一个重要发展时期。

当然,新形势下公共图书馆制度文化建设的探索,并不仅仅是国家、政府以及上级管理机关的责任,公共图书馆本身自主自觉的实践探索也很重要。事实上,在很多地区,都是先有行业内的创新探索,再有政府对模式的主导和推广行为。2003 年,杭州图书馆在国内率先推出免证阅览制度,任何人进入杭州图书馆阅览书籍都不需要证件和费用,包括乞丐和拾荒者。而直到 2011 年,文化部和财政部才在《关于推进全国美术馆公共图书馆文化馆(站)免费开放工作的意见》中明确要求全国所有公共图书馆实现无障碍、零门槛进入。与此相关的"杭图微博事件"也让社会公众关注到了"公共图书馆制度"的变化,提升了公共图书馆的公众形象。而被视为是实现普遍均等的图书馆服务体系最有效形式之一的图书馆总分馆制,更是在我国北京、上海、深圳、苏州、佛山、东莞、嘉兴等多地公共图书馆得到成功实践,形成了各具特色的模式,并在不断得到完善。因此,我们有理由相信,现代公共图书馆制度在我国的发展前景将越来越好。

第三节　行为文化

图书馆行为文化是指图书馆工作人员在工作、学习、娱乐以及为读者提供服务等实践行为中所产生的活动文化,包括在图书馆运营、教育宣传、人际关系活动、文娱体育活动等过程中产生的文化现象,图书馆行为文化是图书馆文化的浅层部分,和其他组成部分关系十分密切,图书馆行为文化是愿景文化的折射,受制度文化规范,物质文化为其必要的物质基础,同时,其他三个层次的图书馆文化最终都将分解或转换为行为文化才能得以实现其功能。行为文化不同于精神文化、制度文化和物质文化,后三者以既成的静态形式作为文化成果存在,而前者是以动态的形式存在,可直接塑造其他三种文化。

馆员的一言一行是图书馆形象的直接表现,人们往往首先是通过对图书馆的行为文化来了解判断一个图书馆的好坏,而图书馆行为文化中,服务文化又处于首要位置。图书馆行为文化体系包括图书馆整体行为和图书馆人行为,从人员结构上划分,图书馆人行为包括图书馆领导的行为、图书馆模范人物的行为、图书馆普通员工的行为。而从内容来看,图书馆行为主要包括两大类:一类是关于图书馆生产运营方面的活动,如采编、流通、参考咨询等;另一类是图书馆内部人与人之间的行为活动,如人际关系的协调活动、宣传教育活动、文娱体育活动等。服务文化主要体现在第一类图书馆行为中。图书馆是一个服务型机构,图书馆是服务的提供者,读者是服务的消费者,两者之间的文化交流与互动才能形成独特的图书馆服务文化服务是面向读者而展开的,因此在图书馆形成了"读者第一""一切为了读者"

的服务文化。馆员作为图书馆服务的行为主体,在图书馆行为文化中极为重要,一支高素质的馆员队伍是确保图书馆行为文化良好发展的关键。第二类图书馆行为就关系到如何建设一支优秀的馆员队伍。图书馆行为文化中的领导行为在其中起着不容忽视的根本影响作用,可决定图书馆的整体行为。当前,我国公共图书馆普遍采取馆长负责制,因此,在公共图书馆行为文化建设中,要特别重视馆长的作用。

(一)从单一走向多元的图书馆行为文化

在以文献保藏为主要职能的农业时代图书馆中,图书馆的利用少之又少,与社会需求基本隔绝,还未展现出作为一个服务型机构的意义,因此尚谈不上图书馆服务文化。那一时期的图书馆行为相对单一,主要是馆员对文献的收集、整理、保存。

公共图书馆的建立是近代图书馆诞生的主要标志,在工业时代公共图书馆出现后,图书馆行为文化得到了重大发展。从图书馆的发展史可以发现,在文献保藏职能之后,图书馆职能中最先得到人们普遍认可的是社会教育职能。社会的不断发展促使人们越来越多地通过图书馆获取知识,提升自身能力。相应地,图书馆突破了文献保存场所功能的局限,为读者服务逐渐成为图书馆工作的要旨,大大促进了图书馆服务文化的形成。与古代图书馆相比,近代图书馆业务活动范围得到扩展,内部分工日益细化,文献分类编目在图书馆工作中占据统率地位,而直接面对读者的服务工作也快速发展了起来,以提供借阅服务为主,一些图书馆也已开始提供参考咨询服务。此外,图书馆内部的管理行为等也日渐完备,馆员走向专业化、职业化,图书馆已成为一个较为独立的组织体系。

1975 年,国际图联在法国里昂图书馆职能科学研讨会上确立了现代图书馆的4 项基本职能:保存人类文化遗产、开展社会教育、传递科学情报、开发智力资源。随着信息时代的到来,图书馆职能也在不断发展,服务工作也在发生变化。传统图书馆在为读者提供服务时,往往是以馆员为中心开展工作,读者处于被动接受状态,但随着网络化的普及,读者的自主选择需求不断提高,这就要求图书馆的服务要向以读者为主导发展。"现代图书馆的整个运行机制是面向服务的,其业务活动的每一个环节都与读者服务有关。"现代图书馆的业务重心向直接面对读者的一线工作转移,但这并不代表作为图书馆二线工作的文献采编加工等已停止发展。相反,进入信息时代后,由于互联网信息通信技术的发展和数字文献资源的兴起,图书馆馆藏工作也发生了巨大的变化,自动化、网络化让二线工作所需人力大大减少,馆员从单一重复的机械性劳动中解放出来,进行更高层次、更具深度的工作,如根据读者需求和社会发展制定馆藏发展政策、调整选书计划、改善馆藏分类编目方法,等等。不管是一线工作还是二线工作,都属于图书馆服务工作,事实上,当前图书馆中二者的界限已经越来越模糊,以人为本,满足读者需求,才是图书馆服务全部工作的根本出发点和归宿。因此,图书馆的服务工作越来越丰富,越来越多元。数字图书馆、共享空间、虚拟参考服务……各种与信息通信技术密切相关的图书馆服务不断出现。图书馆不但要继续收集保存人类的各种文化遗产,还要不断开发挖掘馆藏资源中的价值以供利用;不但要提供传统纸质文献借阅,还要探讨和实践如何更好地进行数字化虚拟化信息资源管理;不但要提供基础的文献信息服务,还要拓展与之相关的社会文化、教育、娱乐等方面的服务;不但要在馆内营造人性化的文化环境以满足用户需求,还要走出围墙开展多样化延伸服务以承担更大的社会责任。

图书馆行为文化的多元化还表现在图书馆为不同读者群体提供的多样化服务,以及图书馆服务的品牌化发展等方面。不同的读者需求也不会完全一致,图书馆2.0的核心就是以用户为中心提供个性化服务。图书馆多样化服务的探索与实践应首推美国图书馆界。美国公共图书馆常通过文献阅读、学术讲座、专题讨论、诗歌朗诵、电影、音乐及舞蹈表演、美术展览、举办职业教育讲座以及为新移民开设免费英语补习班等各种方式为社区居民服务。此外,美国公共图书馆尤其重视为未成年人服务。以2013年全美博物馆和图书馆服务国家奖章(IMLS National Medal)的获得者美国华盛顿州塔科马港市皮尔斯县图书馆体系(Pierce County Library System)为例,其面向未成年人提供的服务项目包括:幼儿早期识字计划(early learning)、青少年儿童读书俱乐部工具包(book club kits for kids and teens)、在线家庭作业帮助(on-line homework help)、监考服务(test proctoring)、盛夏读书季(summer reading)、瓢虫图书馆员莉莉(lily the ladybug librarian)等,而且连未成年人的家长、儿童看护者、教师也可获得图书馆提供的相关帮助。其中的幼儿早期识字计划已成为皮尔斯县图书馆体系的品牌项目,广受欢迎。图书馆和众多组织,如一些保健部门、儿童看护机构等,共同来发展这一计划,定期举办相关活动,为家长和儿童看护者提供早教类图书、视频资源,并开展免费培训,帮助孩子们在上学前做好识字准备。此外,皮尔斯县图书馆体系还有专为 50 岁以上老人提供的"adults 50+"服务,为小语种人群提供的"language communities"服务,为驻地军人及家庭提供的"military connections"服务,以及为听障、视障等残障人士和说非英语的社区居民提供的"outreach"服务,等等。

而现代管理学的引入对现代图书馆来说,更是促进了其行为文化的一次深层次的改革,主要体现对馆内人与人之间行为活动的影响上,和过去比较,也呈现出从单一向多元发展的趋势。现代管理学的核心是"以人为本",强调创造一个良好的环境,以最大化地发挥每个员工的能力,让员工的自我实现需求与组织的整体发展统一起来。"以人为本"也是现代图书馆的核心理念,但大多数时候人们仅仅将其与"读者"关系起来,而忽略了馆员的存在。馆员作为图书馆服务的行为主体,要更好地为读者提供服务,最终必须落实在馆员的发展上。真正的图书馆人文关怀是在尊重读者权利的同时也要保障图书馆员的权益。但在过去,馆员要么作为"高贵的教导者"被敬仰,要么在"读者就是上帝"的观念中被弱化。一直以来,人们强调馆员的责任更甚于利益。而这一点近年来终于有所改善。《公共图书馆宣言》指出,"图书馆员是图书馆用户和馆藏资源之间的能动的中间人。图书馆员的专业培训和继续教育对保证服务质量非常重要"。《芝加哥公共图书馆 2010》则将图书馆用户和员工同时列入利益相关者范围内,馆员的利益越来越广泛地得到关注。越来越多的图书馆在注重馆员专业培训、继续教育的同时,在学术交流、业余文化活动等方面也为馆员提供了更多的自我价值实现的机会。同时,为强化图书馆的凝聚力,在馆内树立员工典型模范,提倡良性竞争,并导入企业识别系统(CIS),建立起图书馆自己的理念识别系统(MI)、行为识别系统(BI)、视觉识别系统(VI),制定统一的馆服,规范服务用语和行为方式,广泛开展图书馆宣传营销,提高图书馆在人们心中的形象地位。

领导行为方面,目前我国公共图书馆普遍实行馆长负责制,馆长不仅是总管图书馆的各项业务工作,还负责馆内人事、财务等方面的管理,另外,还要积极参与相关社会活动,对外宣传推广图书馆的价值,以促进图书馆的发展。这方面的内容将在下一节中详细阐述。即使把图书馆视为一个行为主体,其行为模式也表现出更加丰富多样的发展特征。如图书馆的合作,最初不过是馆与馆之间在编目、借阅等某一业务上开展合作,然后合作对象逐渐发展到各国图书馆协会之间、国际图书馆联盟之间的合作,再到图书馆界与其他行业的组织机构以及个人的合作,合作内容也扩大到各个方面,如资源共建共享、人员培训、业务外包等,图书馆在社会生活中正发挥着越来越重要的作用。

(二)馆长的多重身份:管理者、学者、社会活动家

在企业文化中,作为领导的企业家的行为无疑是占据主导地位的,对企业行为和员工行为具有强烈的示范效应,企业家的行为文化决定着整体的企业行为文化,对企业文化的形成和发展也是一个十分关键的因素。因此,同样的,在我国图书馆普遍实行馆长负责制的环境下,馆长的行为文化也对整体图书馆行为文化、图书馆文化产生着重要影响。

所谓馆长负责制,就是馆长是图书馆管理系统的中心,馆长统领全馆各项工作。1987年我国政府在公文中明确规定了馆长的职责,即认真执行党的方针、政策及国家和主管部门的有关法规;领导制定全馆规划、工作计划;执行经费预算;督促、检查、总结工作;对工作人员实行奖惩;根据需要在定额编制范围进行招聘馆长负责制赋予图书馆馆长的不仅有权力,更有责任,这是一个集权力与责任于一身的管理体制。在这体制下,馆长的一举一动都会影响到图书馆的工作,因此,要做一名合格的图书馆馆长,尤其是在当前快速发展的信息时代,并不是一件简单的事。

作为一名决策者和指导者,馆长虽然不需要事必躬亲,但要对图书馆的工作有一个全面的宏观的把控。从行政角度看,作为图书馆最高层领导,馆长需要担当好管理者的职责;而图书馆作为一个文化服务机构,馆长还必须具备较好的文化素养,图书馆学知识是其中的重要一部分;另外,随着图书馆的发展,不管是为了获得资金支持,还是为了宣传图书馆价值,馆长都需要积极参与相关社会活动,因此馆长还需具有一重社会活动家的身份。美国图书馆协会把人际关系能力列为图书馆

馆长的重要能力之一,国际图联与联合国教科文组织发布的《公共图书馆服务发展指南》中也重点强调了图书馆馆长的社会活动,指出:非常重要的是图书馆的主管人员必须和其主管机构保持密切的、主动积极的联系,以便为管理好图书馆的服务工作提供资金。"图书馆的主管人员必须注意图书馆事业内外的发展情况,这些发展会对服务工作的发展产生影响。他们还应当挤出时间阅读、研究。""图书馆最有效的宣传策略之一,就是让见多识广、知识渊博的馆员和社区委员会的委员或董事会的成员一起参加社区活动。"

因此,一个优秀的图书馆馆长,尤其是公共图书馆的馆长,他应该是一个复合型人才,既有着较强的领导管理能力,又具备图书馆学的相关专业知识,同时还应擅长开展社会活动,进行图书馆营销与宣传。也就是说,未来公共图书馆馆长应具有多重身份:管理者、学者以及社会活动家。

1. 作为管理者的馆长

馆长应讲究领导艺术,这是实现图书馆管理现代化的需要。在当前网络化、信息化的大环境中,图书馆领导者面临着新的更大的挑战。柯平在谈及"我们需要什么样的图书馆馆长"时提出:责任与精神、管理与决策、领导艺术、战略思维、全球视野,这几点对于任何图书馆馆长来说都是值得重视的。这是一个变化才是永恒不变的时代,作为 21 世纪图书馆的负责人,馆长要能预见未来的发展,其担当的是一个团队领导者的角色,要和团队成员一起敢于创新,敢于尝试,而不能继续按照过去传统的统治管理方式开展工作。曾任深圳南山图书馆馆长的程亚男也指出,"图书馆馆长关系到图书馆事业的成败。21 世纪将对馆长提出更为严峻的挑战,为此,馆长必须不断完善人格,加强修养,不断创新。馆长的主要职责一是规划,二是管理。具体是抓好四件大事,即制定目标、树立品牌、完善服务和培养人才。"馆长的领导力直接关系着一个图书馆的发展前景。"领导力是决定领导者领导行为的内在力量,是实现群体或组织目标、确保领导过程顺畅运行的动力。"馆长的前瞻力、感召力、影响力、决断力和控制力是其领导力的主要表现。这和馆长个人的品德修养、工作作风及学识水平有着直接的关系,馆长应在不断的学习和实践中提升自己的领导力。美国图书馆协会就经常举办图书馆员领导力培训,为图书馆馆长或即将担任图书馆馆长的馆员开设相关课程,主要包括危机领导、人际关系能力、权力和影响力、团队管理艺术,以及如何创建一个包容的、创新的转型期文化。

2. 作为学者的馆长

当前,馆长所需的知识结构和过去相比发生了重要变化,在历史上,图书馆馆长多由学识渊博之士担任,而现在,馆长更需要有合理的知识结构。馆长的知识结构应由基础知识、专业知识、管理知识三部分组成,三者之间的层次比例也要适当。如美国的图书馆员多具有多学科专业背景,而且从 1974 年起美国就规定馆长需获得图书馆学的硕士或博士学位,并具有至少一门其他学科背景,还要在图书馆工作多年,有相关组织管理能力。我国对图书馆馆长的知识素养没有类似严格规定,但近年来,我国的图书馆馆长群体也在呈现出年轻化、高学历化的变化。中国图书馆学会 2003 年对近千位公共图书馆馆长的调查发现,具有图书馆情报信息类专业背景的占到了 34.42%。当然,在信息时代,馆长的知识结构也要不断更新,因为信息通信技术在图书馆的广泛应用,计算机素养、新媒体素养已成为图书馆员的基础知识,馆长则更加需要了解相关的知识,否则无法顺利地指导工作,做出决策。

3. 作为社会活动家的馆长

馆长的社会活动家身份主要是针对图书馆的宣传营销来说的。在信息时代,图书馆过去所具有的知识信息资源垄断优势已日益被削弱,为实现图书馆在新时期的可持续发展,图书馆界开始引入市场营销理念来宣传推广图书馆的服务与价值。国际图联在 1997 年设立了管理与营销组(Management and Marketing Section),次年该组就吸收到超过 70 个会员加入。2001 年,国际图联又设立了国际图联国际营销奖(IFLA International Marketing Award),鼓励支持全球图书馆开展营销活动,并分享图书馆营销的经验。而作为馆长,在这一方面其所负责任尤为重要。馆长不仅是图书馆的管理者、经营者,还应是图书馆的推销员。在宣传营销工作上,对内馆长要指导全馆人员确立营销理念,制定宣传政策,做好整体营销活动规划,对外馆长要与上级主管部门及有关机构加强联系,进行合作与协调,并代表图书馆参与相关社会活动,处理各种对外事务,综合运用各种媒体手段向社会各界和图书馆的利益相关者宣传图书馆的服务和价值。

(三)打造新时期公共图书馆形象

图书馆是人的图书馆,图书馆以人为本。这不仅表现在读者服务是图书馆一切工作的出发点和归宿,也表现在图书馆行为文化的独特重要性上。图书馆文化要落地生根,行为文化建设是最关键的一个环节。不管是愿景文化、制度文化,还是物质文化,都最终是通过行为文化来表现的,没有人的行为文化,理念和制度都是空谈,物质的存在也将失去意义。行为文化还可创造其他层面的文化,如果图书馆人的实际行为和图书馆想要倡导的理念、制度等不一致,结果同样将导致整个图书馆文化的异变。

现代公共图书馆从知识信息的角度维护着社会公正,已成为全世界各国各地区基础设施中不可分割的重要部分。和其他类型图书馆相比,公共图书馆的"读者"已发展为广大利益相关者,包括全体社会公众,主要来说有政府相关部门和上级主管部门、业务合作伙伴、服务对象和本馆馆员。因此,相对而言,公共图书馆的行为文化对社会、公众有着更为巨大的影响力,是树立公共图书馆形象的关键。

首先,应建立起图书馆自己的行为文化体系。这方面可参考企业识别系统(CIS)建立图书馆识别系统(LIS)。"图书馆识别系统,是把图书馆的服务理念与精神文化运用于行为活动、服务工作、感官视觉等方面,以获得读者(用户)的认同和赞誉,从而树立起良好的图书馆形象。"在图书馆识别系统中,理念识别系统是最核心的部分,视觉识别系统是最外在、最直观的一层,而行为识别系统则处于深层,覆盖了整个图书馆的工作流程,重在统一人的行为规范,展现图书馆的形象优势图书馆识别系统是基于文化层面上的一整套图书馆识别系统。建立图书馆行为识别系统,首先要根据所提倡的愿景文化确立各项活动的行为准则,并在图书馆中大力推行,让不同岗位的员工都能明确该做什么,不该做什么,然后依照行为准则来规范自己的行为,从而建立起图书馆自己的行为文化体系。当然,员工对于行为文化会有一个从认知到认同再到自觉实践,从不自觉到自觉、不习惯到习惯的过程。在此过程中,严格的监督要有,模范的引导也不可少。因此,图书馆领导者要率先垂范做好带头工作,同时树立优秀模范典型,以榜样的力量带动全体员工共同行为的发展。

其次,要做好图书馆营销。前面一步主要是针对图书馆内部个人的行为规范,而图书馆营销则更关注对外,向社会公众宣传图书馆的服务与价值,提升社会公众对图书馆的形象认知。重视图书馆的整体行为,是图书馆从被动走向主动的重大转变。公共图书馆最初在工业时代是应社会公众的需求而出现,并为民众素质的提升、社会的进步发展做出了巨大贡献。进入信息时代,社会发展的速度不断加快,公共图书馆也需要与时俱进。目前,全球公共图书馆事业呈现出良莠不齐的状态,主动改变才是最有效的良药。向企业学习管理和经营之道,正是图书馆面对自身生存发展环境不断变化而采取的积极对策之一。

图书馆营销是一种公共关系方式,可视为图书馆和外界的一种信息沟通手段。虽然图书馆属于非营利性组织,但营销也是图书馆工作中不可缺少的一个重要内容。图书馆营销并非创收,提升图书馆公共产品的社会效益,确保政府和社会对于图书馆的投入持续增长才是图书馆营销工作的首要目标,应谨记这一点。为此,在图书馆营销工作中,要抓住两个要点:了解读者需求,降低读者成本。那么,首先要解决"读者是谁"这个问题,也就是确定图书馆的营销对象。公共图书馆的广大利益相关者就是其营销宣传工作的主要对象。此外,营销方式也很重要,恰当的图书馆营销策略能带来效果的最大化。为取得最佳营销效果,针对不同的利益相关者,图书馆要建立不同的沟通渠道,采用不同的营销手段。如,对于作为潜在读者的广大社会民众,可开展社会调查、组织社会活动;进行品牌策略营销、媒体宣传,参与承办各类社会活动,或者开展全民读书活动等,以扩大公众对图书馆的社会认知度,提高图书馆利用率。

美国《图书馆期刊》提出了当前图书馆营销的 7 个有效方式:利用 Twitter 微博进行宣传互动、提供内容增值服务、做好在线品牌管理、视频营销、手机营销、真人故事分享、手机短信服务内容增值服务如西雅图公共图书馆在其图书目录中增加了"同类出版物"专题,让在线目录的作用得到最大化发挥;在线品牌管理如通过"Google 快讯"订阅和自己的图书馆相关的新闻、博客、视频、讨论帖等网络信息,可以及时了解公众对图书馆的意见建议并做出相应处理;视频营销如台湾大学图书馆针对新生的图书馆教育制作的《早安,图书馆》短剧在 Youtube 网站上点击率迅速冲破7万多次,反响热烈,被推崇为图书馆成功营销的一个重要范例。另外,图书馆自己的馆刊、网站以及博客、微博、论坛等各种自媒体也是很好的营销渠道,图书馆除了可以在自己的网站上发布丰富实用的各种服务信息,还能利用这一渠道寻求更多的资金和其他支持,如纽约公共图书馆利用年底这一特殊时间段在其网站首页醒目位置提供了非常方便的"你的年终礼物"(Make Your Year-End Gift)捐赠通道,呼吁广大公众为纽约公共图书馆来年的虚拟服务项目提供资助。图书馆营销的重点在于加强和读者的互动,让彼此增进了解。对此,图书馆志愿服务可以说是一个非常好的方式。图书馆招募义工和志愿者帮助开展各种活动,一方面可以降低图书馆的开支成本,另一方面这也是与社会各界组织和个人建立联系的有效方式,可谓一举两得。图书馆志愿服务在美国、英国、日本等国家已十分普遍,我国很多图书馆也已开展了图书馆志愿服务,但相比之下还很不成熟,不管是规模、人数还是服务内容和质量来说,都还有更多的工作要做。

第四节　公共图书馆的物质文化

图书馆物质文化是图书馆文化的表层文化,看得见摸得着,是图书馆文化中最外在、最直观的一部分。作为一种以物质形态为载体的客观存在,图书馆物质文化是由图书馆人创造出来的产品成果以及各种物质设施等构成的文化现象,是"独立于图书馆员、读者等相关人意识之外的,而且是发生在图书馆及其相关领域内的物质文化现象,是图书馆职业长期发展积累的物质财富和成果,也是图书馆员等相关人将与图书馆相关的'非遗传信息'传递给同代人或下一代人的物质手段。"主要包括图书馆建筑、馆藏和技术设备所包含的文化现象。其中图书馆建筑不仅指图书馆馆舍本身,还有其周边环境,如地理环境、绿化环境、城市环境,以及图书馆的内部布局装饰等。

(一)从吨位向品位发展的图书馆物质文化

所谓吨位,即重视数量增长、规模扩大、空间拓展,讲究以"量"取胜,而品位则不同,讲究的是以"质"取胜,更重视内涵发展,强调结构优化、质量提高、实力增强。图书馆物质文化即经历了从吨位向品位发展的过程。

历史最初的文献载体中西各异,中国主要有甲骨、青铜器、石头、竹木片、缣帛等,西方则主要为纸莎草纸、泥版和羊皮纸。随后,造纸术和印刷术的发明与传播促使人类文化事业进一步繁荣发展,纸本书逐渐成为图书馆馆藏的主角。但在生产力总体较为低下的农业时代,图书文献始终属于珍惜资源,因此,不管是中国的藏书楼还是西方的图书馆,馆藏量成为衡定其地位的绝对标准,如古代埃及亚历山大图书馆就是以其丰富的馆藏而驰名于世。

农业时代的图书馆注重文献保藏功能。为了防止珍贵的文献资源遗失受损,图书馆多实行严格的封闭式管理,而图书馆建筑也更注重藏书库这一功能,结构相对简单,偏于封闭与保守,这方面中西相仿。当然,随着建筑工艺技术的发展以及馆藏量的增加,图书馆的外观也日益精美,规模日益宏伟。如官府藏书系统在西汉最初建立时,主要有石渠阁、天禄阁、麒麟阁和兰台几个藏书处,而到了清朝,官府藏书场所除宫廷四阁、江南三阁外,还有翰林院、国子监等多个藏书处。但整体建筑风格则因国家民族地域不同而各具特色,中国的藏书楼与古代西方的图书馆建筑风格就明显不同。和中国古代的其他建筑一样,藏书楼也有着浓厚的传统文化韵味,天人合一的思想让建筑与环境融为一体,独具魅力,其中的一些馆舍至今仍是人们流连忘返的旅游观光胜地。

世界市场在工业时代最终形成,不同国家和地区的图书馆物质文化在这一时期也逐渐朝着世界大同的方向发展,不管是图书馆馆藏、馆舍还是相关技术都逐渐有了全球适用的统一的标准或模式。馆藏方面,造纸术的全球化普及和机械印刷技术的发展让图书越来越大众化,成为人人可得的物品,而不再是少数人的特权象征。为了实现社会教育的重要职能,图书馆馆藏的内容和数量都有了巨大发展。载体也更加丰富,除占据主体地位的纸质文献外,还出现了缩微胶卷、录音录像带、光盘等其他类型的文献。

图书馆职能的变化不但促使了图书馆馆藏文化发生改变,也让近代图书馆建筑文化呈现出和古代图书馆明显的区别,图书馆的规模逐步增大,阅览空间占整座图书馆建筑空间的比例也随之上升,先前体现权威和豪华的肥梁、密柱逐步被拱券结构和高大的空间所替代。工业时代早期的馆舍通常以书库为中心,将馆员的办公场所与读者活动区分开,对应着图书馆藏、借、阅的功能,图书馆也分成了书库、馆员办公处和阅览室三大区域。在闭架借阅时期,这几大分区界限明确,通常是书库在后,阅览室在前,借书处居中。工业时代后期,随着开架借阅制的兴起普及,图书馆建筑文化又有了新的变化,出现"统一柱网、统一荷载、统一层高"的模数式图书馆建筑。这种建筑设计发源于美国,并从 20 世纪 50 年代起,在欧洲、亚洲和世界其他地区得到广泛采用。它打破了书库和其他部门之间的明显界限,呈现为一个大开间格局,布局安排更为灵活,可利用家具、书架组成不同的功能空间,实现了"藏、借、阅、管"四大功能的统一,可适应图书馆多种功能的需求和发展。

与实体资源相对应的网络虚拟资源出现后,图书馆馆藏资源更加多样化。在工业时代及农业时代,图书馆馆藏的载体和内容同为一体,每一本图书、每一盘录像带、每一张缩微胶卷,其所载的信息和知识都是固定不变的,只能一对一地传播,而且每使用一次都会给文献载体带来一定的损耗。因此,借阅率高的某种文献图书馆需要收藏多册,作为保存本的那册通常不外借,以更好地长期保存。而信息时代数字资源的传播不受这一限制,馆藏载体与其内容可以分离,如借出一部电子书阅读器,其所载电子书内容却可以不断更新。

虚拟资源在图书馆馆藏中占比日益扩大,这种变化自然对图书馆馆藏发展建设提出了新的课题,同时也对图书馆建筑产生影响。最直观的一点,实体馆藏资源越多,图书馆所需存储空间就越大,知识信息爆炸的结果一度导致图书馆不堪重负。如英国国家图书馆,拥有超过 1.5 亿件馆藏,而新馆藏还在以不断提升的速度增加中,每年书架空间的增长速度已达到 12.5 公里长。大英图书馆位于伦敦圣潘克拉斯的主馆于 1998 年落成使用,占地 5.1 公顷,总面积 20 万平方米,建筑物分为地上 9 层,地下 4 层,其中 75% 的书库都是密集书库,就是为了在有限的空间里提供最大的藏书量,但很快其馆藏空间和设备又再次面临严峻挑战,为此于 2009 年又在西约克郡投入 2600 万英镑建成了当时世界上最先进的图书馆存储库,用以存放利用率较低的资料文献。

相比之下,虚拟资源所占空间很小,可大量节省图书馆的物理存储空间,但对设备的依赖性很强,对使用环境的要求更高。因而,在馆藏资源多样化的信息时代,图书馆的建筑设计不仅要考虑到日益增长的馆藏资源存储问题,还要关注不断更新的现代高新科技的应用。我国图书馆建筑的发展从 20 世纪 80 年代开始逐渐与国际同步,无论是数量、规模、造型、布局,还是功能配置,都比过去有了很大的飞跃,被认为是中国图书馆建筑史上最辉煌的时期。一直到 21 世纪初,这 20 多年中,中国新建的图书馆建筑数量在成倍增加,规模也越来越大,并涌现出一批特大型的世界级图书馆,新馆建筑面积和设施不断刷新我国图书馆建设规模的记录。我国图书馆界曾一度陷入片面追求馆舍规模的浮夸攀比之风中,认为图书馆建筑规模越大,采用的技术设备越先进就越能显示出图书馆的实力和水平。但随着人本主义思想的进一步倡导和发扬,以及信息技术等的影响,现在人们更加关注强调图书馆建筑的环保、节能、健康和舒适。

现在,越来越多的图书馆认识到了品质发展的重要性,不再片面强调"小而全,大而全",而是日益注重图书馆资源的共建共享,以及特色文献资源的建设,其馆藏已不仅仅是作为可借阅的文献资源存在,图书馆对馆藏资源的二次甚至三次开发与利用已经越来越重要,图书馆建筑也不仅仅是作为物理场所而存在,很多图书馆都是当地重要的标志性建筑,将地域特色、时代精神、民族风格及各馆对图书馆文化特征的理解融为一体,展现着独特的文化风貌。图书馆作为城市第三空间理念的盛行也进一步挖掘了图书馆空间的更多价值,图书馆不仅仅是一个文献借阅场所,更是社会的文献信息中心和文化活动中心,它正在向多功能和多元化的大趋势发展。而生态图书馆、智慧图书馆等新概念图书馆的兴起让我们看到了图书馆文化发展的更多迷人前景。

（二）信息时代图书馆的数字化生存

1982 年,美国情报学家兰开斯特曾预言,在未来的 20 年后,随着无纸化社会的来临,图书馆将走向消亡。事实证明,这一预言显然是错误的。不过,图书馆虽然在信息时代没有消亡,其生存形态却也与传统模式大相径庭。图书馆物质文化是图书馆文化中最为客观且直接可见的一部分,我们可以从这方面来观察图书馆在信息时代的诸多改变。

　　信息时代是一个数字化的世界。图书馆作为一个信息知识资源中心,其数字化趋向也十分明显。图书馆是率先应用计算机互联网技术的部门之一,从 20 世纪 50 年代开始,以美国为首,各国图书馆积极引进各种现代信息技术,广泛应用于文献信息资源的搜集、存储、加工以及传播等各个环节。从机读编目到联机检索再到数字图书馆,从图书馆 2.0 到图书馆云时代,图丰馆的数字化、网络化程度越来越高。而且,这些信息技术也越来越紧密地和图书馆建筑设计结合到一起。

　　美国《图书馆杂志》(*Library Journal*)2011 年的标志性图书馆评选活动提出,现代图书馆的示范性建筑不是规模宏大的,而是能适应低碳社会发展的。吴建中介绍了这个活动中选出的 10 个图书馆所具备的九大共同特征:绿色建筑;开放和延伸性;一站式服务;自助服务;合作模式;互动式服务;通透性;极简主义;社会功能。这些特征也概括了未来图书馆建筑的发展趋势。我们认为,当代城市图书馆建设应遵守以下原则:人本原则、生态原则、辩证原则、集群原则、前瞻原则图书馆为用而建,适用的才是最好的,要确保图书馆舒适、方便、环保,并能可持续发展。过去,图书馆馆舍建设也许只是指建一座房子,而不用考虑太多其他方面。但现在,人们逐渐认识到,图书馆本身就应该是"活"的,图书馆建筑不仅仅是一个物理形态的场所,也是社会大众的知识共享空间,可作为人们开展信息交流的平台。因此,图书馆的规模大小不再重要,其功能和空间才是更关键的元素。这给图书馆建筑设计带来明显的影响,如传统阅览室的书架加阅览桌布局模式,将变为多元化、全媒体的共享空间;会议厅、展览厅、多功能厅之类可用于举办讲座、培训、展览、演出等公共文化活动的区域成为图书馆不可或缺的一部分,其大小和数量需根据服务人口而定。

　　数字化元素已成为图书馆建筑的有机组成部分,在做图书馆建筑设计时,必须要将这点纳入其中。现代图书馆新馆建设提倡先确定图书馆定位,然后再据此去解决图书馆规模、布局等问题。一个图书馆的布局、设备、装饰装修以及业务规划都要在进行建筑设计时就做到胸有成竹,尤其是和数字化相关的方面,因其发展速度前所未有,所以在选择规划时不能盲目以最新最先进为标准,而应选最适用的,同时也要为未来的更新发展留出余地。美国华盛顿州塔科马港市的皮尔斯县图书馆体系在 2010 年制订了"2030 年总体发展计划",围绕该体系内 18 所图书馆的馆舍扩建展开,根据服务人口的不同,对每一所新图书馆的选址、占地面积、座位数、计算机工作站数量、会议室以及小组活动区大小都有详细的规划,提出每座图书馆至少设有 30 台工作站,每台均要安装文字处理等常用应用软件,并专设笔记本电脑用户区域,在技术设备这一块,则特别强调了图书馆在移动互联网设备和自助服务设备方面的规划。

在信息时代,图书馆馆藏数字化的趋势最为明显,具体表现为数字资源在图书馆馆藏中所占比例越来越大,用户对于数字资源的需求越来越大。这些类型极其丰富的数字资源不仅包括各种原生数字资源,如电子书、电子报纸、电子期刊、数据库、光盘、电子文件、电子文档、参考工具、地图、音乐、照片,也包括从其他形式经数字化转换而来的数字资源,其中图书馆自制数字资源十分重要。图书馆馆藏的数字化不仅有利于馆藏的保存与保护,还有利于提高图书馆馆藏的利用率。但其中需要注意的是,如何合理地处理好版权保护这一问题。

数字图书馆是信息时代图书馆数字化生存状态的最重要表现。数字图书馆是虚拟的、没有围墙的图书馆,具有与传统图书馆迥然不同的功能和特征,在文献存储、检索、信息传递、资源共享等方面具有独特优势。从 20 世纪 90 年代初期问世至今,其发展速度前所未有,越来越多机构和组织加入到数字图书馆建设中来,成果斐然。而目前,移动互联网正在强势崛起,移动图书馆服务也随之得到越来越多的关注和实践,如电子书借阅器出借服务、手机短信服务、图书馆导航和馆内定位服务,以及移动终端网页浏览和应用软件服务等。广东中山图书馆就为用户提供了 iPhone 及 iPad 的图书馆 App 程序,安装了此程序的用户除了可以查看浏览图书馆的最新活动信息外,还可以对中山图书馆的馆藏进行检索、收藏,建立自己的个人图书馆,查阅个人借阅情况,进行续借等。这可以认为是数字图书馆的一种新形式。

WAP 网站、云计算、物联网,等等,这些新科技的出现与应用在不断推动着图书馆的进一步数字化。不过,虽然让人们越来越感觉不到其物质存在的图书馆数字化生存状态日益广泛,但图书馆将依然永存,毕竟物质仅仅是外在载体,图书馆的本质是服务于人,这才是永恒的。信息时代的图书馆存在已超越传统观念,不拘一格,正逐渐摆脱对物质载体的依赖,突破了围墙的限制,使任何人任何时候任何地点都能通过网络获取任何信息,无所不在的图书馆正为人们提供着越来越便捷、越来越广泛的信息知识服务。

(三)创新公共图书馆文化载体

创新,是这个时代的高频词。发展需要创新,尤其在这个日新月异的时代,创新才是最好的生存之道。图书馆文化载体是图书馆文化的表象,从图书馆文化的结构来看,制度文化、行为文化和物质文化的内容都可成为载体。而在实际工作中的创新通常将这几种文化融为一体,在前面的章节,我们已经依次阐述过图书馆制度文化、图书馆行为文化方面的内容,因此,这里我们将从图书馆物质文化载体角度出发,结合其他内容来阐述公共图书馆文化的创新。

在图书馆物质文化的发展方面,馆藏、馆舍建筑、技术设备是图书馆关注的重点,近年来发展迅速,但社会效益却未得到同等提升。究其原因有很多,闭门造车,忽视图书馆公关,盲目跟风,造成有效投入不足,这是其中重要的一点。由于"公共文化服务的提供者只能根据自己的理解去完善服务,对服务本身的认识不足,与公众沟通交互不够,从而阻碍了公共文化服务的深层次发展"。在公共文化服务体系中,公共图书馆担负着为社会公众提供普遍均等的知识信息服务的重要职责。公共图书馆要走向更深层次的发展,就需要打破固化僵局,从多种物质文化载体着手,创新宣传沟通渠道和方式,和用户建立起真正有效的交互关系。

其实,我们细心观察就可以发现,除了最受关注的馆藏、馆舍建筑、技术设备外,图书馆的宣传栏、馆刊、网站、微博、工作人员的制服等,也都属于图书馆物质文化载体,种类非常繁多。根据有关调查发现,我国图书馆采用的宣传渠道和方式主要有:图书馆网站,宣传栏和宣传牌,电子邮件,宣传手册,电话,广播、电视、报纸,举办推介活动,手机短信群发等。其中,公共图书馆更善于利用一些与公众联系较密切的传播媒介,其利用频数较高的宣传方式有宣传栏和宣传牌、图书馆网站、宣传手册、举办推介活动以及广播、电视、报纸而在前文列举的美国《图书馆期刊》所提出的当前图书馆营销7个有效方式中,几乎都与信息通信技术的利用有关。因此,对于图书馆文化载体的创新,也可以从这方面着手,充分利用现代高新科技的优势,以读者为导向,结合图书馆各自特色,做到在形式与内容上都让人喜闻乐见。

1. 图书馆网站

图书馆网站现在已成为图书馆实力的一个重要表现,从 1994 年起,图书馆网站建设已成为每四年一次的全国公共图书馆评估定级工作中的重要组成部分。和传统媒体相比,网站属于典型的多媒体渠道,可以综合利用文字、图片、音频、视频等各种媒介进行信息的交流传播,而且随着 Web 2.0、Web 3.0 等的发展进步,网站与用户之间的互动性越来越强,服务更加多样化。在此基础上衍生的博客、微博、论坛、微信等自媒体更是受到时下众人的追捧。

目前,我国很多公共图书馆都建立了自己的网站,省级公共图书馆中上海图书馆网站建设堪为范例。但整体水平和国外如美国图书馆网站相比偏低,国内公共图书馆的网站结构较为单一,功能性不够强。美国的社区图书馆多会针对不同年龄层的读者设置不同的版块,如儿童、青少年、成年人等,尤其突出未成年人服务的功能,便于用户的使用。而国内公共图书馆网站的栏目规划几乎千篇一律,大致为:本馆概况、读者服务、资源检索、数字资源、参考咨询、讲座展览、新书推介等,还处于图书馆本位的做法。甚至有的公共图书馆网站只是堆砌一些简介、使用指南之类的基本内容,没有充分发挥网站媒体的功能。总的来说,我国公共图书馆网站在和用户的互动交流方面仍有欠缺,数字资源建设上同质性较高,外文数字化资源十分匮乏,网站布局不够合理,在页面设计及后续维护方面也存在较多问题,如页面不够美观、缺乏特色、网页打开较慢或无法打开、内容不能及时更新、链接无效等。

因此,在网站建设方面,我国公共图书馆还有很多工作要做。首先,需要明确的是以读者为导向的建设理念,应在网站突出读者常用的功能和需要的信息;其次,应注重自身特色信息资源和外文资源的建设,促进资源结构合理化,并及时更新内容;最后,充分发挥网络多媒体的优势,加强与用户的交互性,为用户提供个性化服务。另外,除了网站建设,网站宣传推广也应得到重视,例如,可以通过各种搜索引擎建立免费链接,和其他知名网站建立友情链接,在图书馆的其他宣传媒介上介绍推广图书馆网站,尽可能地吸引用户访问。

2. 微博

微博作为时下最受欢迎的社交网络平台之一,具有非常大的影响力,互动性强是其重要特点和优势。

在这些微博中,杭州图书馆无疑是知名度最高的图书馆官微之一,微博发布量也是遥遥领先,表现出较高的活跃度,其经验值得其他公共图书馆借鉴。杭州图书馆发布的微博内容多为原创,图文并茂,覆盖面较广,内容紧扣主题,从不同角度体现了杭州图书馆的办馆理念和目标,尤其是在 2011 年的"微博事件"中反应灵敏,强化了杭州图书馆的品牌形象。

国内部分公共图书馆微博也有需要改进的地方,最主要的问题就是互动性不够,这也是图书馆微博的普遍问题。在这一点上,公共图书馆需要进一步丰富微博互动形式,增加互动类微博的比例,如发起"我和图书馆的微故事"之类的真人故事分享微话题,提升网友的参与兴趣,促进互动。同时还可以向外借力,在当前微博平台中,粉丝量数以十万百万计的用户不少,公共图书馆可以主动寻求与其合作,如本地的报纸、电视、广播等媒体,以及本地文化名人、文化领域机构等,开展"转发有礼"等微活动,通过关注图书馆微博,@若干好友并转发、评论,即可获得作家签名图书或热销图书之类的奖品,从而有效扩大宣传效果。

3. 微信

微信的迅速崛起是移动互联网时代的一个重要现象。第一个微信版本发布于 2011 年年初,而在这短短几年时间内,微信已成为最热门的社交软件之一。据媒体报道,微信用户 2014 年已突破 10 亿。微信是完全基于移动端和智能机的一个社交软件,和其他社交软件如微博相比,微信更偏于私密化、圈子化,属于点对点的传播方式(微博属于点对面的传播方式),支持文字、图片、语音、视频等多种交流方式,其用户的有效性、活跃度也相对更强。微信运营因此也成为移动互联网时期的一种重要宣传方式。

微信现分为个人账号和公众账号。在微信平台上,图书馆可以建立自己的公众订阅号,并可通过电脑端进行管理。随着信息时代的发展,图书馆对于新科技的接受度和利用率越来越高。目前,已有众多图书馆开通了微信账号,但其中部分图书馆为空壳账号,并未真正开展相关服务,在已开展微信服务的图书馆中,也存在服务内容不够全面的情况,总的来说,我国图书馆的微信服务还有待拓展深入。

这里提供一些建议:微信公众账户具备群发功能和高级功能,群发功能方面,可分组、分性别、分地区来群发消息,图书馆可将用户按照不同标准进行分类管理,然后有针对性地向不同群体推送相关服务,从而有助于开展个性化服务。高级功能中可自定义设置自动回复内容,图书馆可预先设定一些常见问题的答案,如开放时间、个人借阅期限、馆藏分布、最新活动、书目推介等,既方便用户,有助于用户更好地了解图书馆,又减少了图书馆员的重复性工作,有效提高工作效率。而图书馆员也可以利用自己的个人微信账号来为用户服务,如学科馆员可通过微信向用户推荐相关馆藏和活动信息,提供参考咨询服务,与用户建立长期稳定的联系。

在这个全媒体时代,报刊、电视、广播等传统媒体的作用依然很重要,如馆刊之于图书馆。和网站、微博等比较,馆刊属于图书馆文化载体中发展较早的一种,也有称之为馆办"小杂志"。过去图书馆馆刊都以纸质印刷本形式传播,进入信息时代后,越来越多的图书馆也开始提供电子版馆刊。当前图书馆的馆刊多为非正式出版物,自主性比较强,能够更好地体现各个图书馆自身的文化特色。但现状是,公共图书馆对馆刊的重视程度不够,内容单一,和读者的互动也远远不足馆刊是图书馆与读者交流的重要媒介,图书馆应对此予以重视,有条件的馆可以实行专人专组负责馆刊建设,除了馆内员工外,还可以向外广纳稿源,提高稿件质量。图书馆可以在馆刊上推送本馆各种活动信息,如图书馆新开展的服务、书目导读、新书推介、讲座培训等讯息,并和读者积极互动,设置"读者之声"之类的栏目,在刊物上发布手机短信、网站、微博、微信等各种读者意见反馈方式,让读者能够更快捷、更畅通地与图书馆进行沟通互动,这也有利于图书馆了解读者需求,创新馆刊形式和内容,为读者提供他们更感兴趣的信息,提高馆刊的可读性和实用性。

网站、微博、微信、馆刊,只是当前图书馆文化载体中的一部分。随着时代的发展和科技的进步,新的载体还将不断出现,现有的载体也将有新的表现,创新无时不在,变则通,通则久,这也让我们更有理由期待图书馆的未来。

第四章　公共图书馆宣传推广实务

无论是图书馆营销还是 CIS 导入,在国内公共图书馆界乃至整个图书馆界都不是普遍的做法,所以第二章介绍的有关图书馆营销和 CIS 导入的内容只是一个理念与方法的背景。本章讨论的公共图书馆宣传推广的实施,将不一一去对应图书馆的营销和 CIS 导入的理论与方法,而是按照更符合公共图书馆认知状态来讨论。同时,图书馆营销的理念与方法、CIS 导入的理念与方法对公共图书馆的宣传推广已经产生了实际的影响,一些可以实施的方法仍然会纳入本章的内容。

第一节　公共图书馆宣传推广的类型

公共图书馆的宣传推广活动是一种在实践中自发而起的活动,对这些在实践中通过不断的经验积累而得到自行优化的宣传推广活动进行分类,目的是对已有的宣传推广活动进行归纳和总结,以利于同行的选择与借鉴。

一、按宣传推广的目的划分

(一)公共图书馆功能的宣传推广

公共图书馆功能的宣传推广,即以宣传公共图书馆的功能为目的,通过对公共图书馆功能的描述,并通过适当的宣传方式和途径,让公众获得对公共图书馆的了解和认识,从而培养公共图书馆意识,学会使用公共图书馆。

由于社会环境的变迁,公共图书馆在中国的发展历经波折,再加上受到社会的经济与文化发展水平的限制,致使我国公共图书馆建设水平和服务水平普遍不高,所以,公共图书馆并没有成为大多数民众生活中必须依赖的对象,这也导致民众对公共图书馆的认识流于表浅。比如,很多人认为,公共图书馆就是一个可以免费或只花少量费用借阅图书的地方。这种片面的认识在很大程度上会妨碍人们使用公共图书馆的热情,因为,对于相当一部分社会公众来说,图书销售渠道完全可以替代公共图书馆的这一功能。

公共图书馆的功能是在实现它的社会价值的过程中形成的。首先,社会价值决定了公共图书馆的基本宗旨;其次,为了体现公共图书馆的宗旨,就必须让公共图书馆具有相应的功能。如果以 IFLA 在《公共图书馆服务发展指南》中所阐释的公共图书馆宗旨为依据形成宣传内容,可以使公共图书馆功能的宣传推广的内容完整而有序。

功能宣传的内容就是让公众知晓公共图书馆能够做什么,或者通过利用公共图书馆能够解决什么问题。按照常识,一个人对一种工具的利用往往与他对该工具的熟悉程度有关,即对工具越熟悉就越愿意使用。如果我们从为用户解决问题的角度把公共图书馆视为一种工具,那么,就是要通过图书馆功能的宣传让更多的人了解公共图书馆,以此促使他们对公共图书馆的利用。

(二)公共关系宣传推广

公共关系宣传推广,即以塑造公共图书馆社会形象、建立与各方良好的社会关系、提升公共图书馆知名度为目的。为了达到上述公共关系宣传的目的,根据公共关系理论,通常可以从三个方面来策划宣传活动:(1)通过大众媒介正面而直接地宣传公共图书馆,如通过撰写新闻稿、拍摄电视报道等方式宣传图书馆。(2)通过策划“专题活动”制造新闻,吸引媒体报道,达到宣传图书馆的目的。例如广东省中山市图书馆策划的“图书漂流”活动,采用定向漂流的方式,即图书由中山市图书馆漂流至贵州六盘山下的泾源县图书馆,免费向泾源县民众提供借阅。媒体对此次活动的宣传突出“传递希望的种子”“让更多的人共享一本书”“因一本好书而结缘”等主题,因为主办者是中山市图书馆,故通过对活动的报道也大大提升了中山市图书馆的知名度。(3)利用社会性的庆典或纪念日举办活动,或通过“名人”效应来提升公共图书馆的知名度,如浙江图书馆请阿里巴巴总裁马云作为浙江网络图书馆的形象代言人并拍摄宣传广告在电视上播出。

通过公共图书馆功能的宣传推广和公共关系的宣传推广,能够改变公众对公共图书馆的认识和了解,能够使公共图书馆在公众中建立良好的印象,这将有助于扩展公共图书馆的用户群,即把潜在用户发展为现实用户。

二、按宣传推广的受众特点来划分

(一)倡导式宣传推广

宣传推广的受众就是公共图书馆的服务人群。如果一个地区的公众对公共图书馆的利用还没有形成习惯,不少人甚至不知道公共图书馆的存在,或者虽然知道它的存在却不知道公共图书馆是一个怎样的地方,也或者一个地区刚刚建设了图书馆的分支机构,很多人不知道这个分支机构是否能提供与中心图书馆同等水平的服务,或者一个地区的公共图书馆因为新馆舍的建成而使环境、设施、服务等都有极大的改变,但公众对该公共图书馆的了解还停留在以往的印象中等,这些情况都需要通过适当的方式将相关信息传达给公众,使他们或许因为产生了新的了解而萌发走进图书馆的愿望。因而,针对这一公众群体的宣传推广以倡导式宣传为主,即倡导人们去使用一个叫作公共图书馆的机构,去使用它所提供的良好的学习和休闲环境,以及它的馆藏资源和各种信息服务。

倡导式宣传推广的内容与前述功能性宣传推广在内容上是重叠的,这只是我们观察公共图书馆宣传推广的两个不同的角度而已。

此外,倡导式宣传推广还可以从阅读入手,人的阅读习惯千差万别,尤其是在当今人们的闲暇时间被各种方式争夺的社会环境下,阅读的倡导就显得更加重要。阅读倡导是公共图书馆的倡导式宣传推广的另一个重要的内容,它以图书馆丰富的阅读资源及生动而有趣的阅读活动作为倡导式宣传推广的内容,鼓动人们走进图书馆,免费获取阅读资源,以阅读来丰富生活的内容。

(二)提醒式宣传推广

提醒式宣传推广是针对那些对公共图书馆有所了解,也曾经喜爱阅读,只是由于工作和家务耗费了主要的时间和精力,加之社会提供的休闲方式越来越多样化,因而逐渐疏于阅读,更无暇利用公共图书馆的人们。对这部分民众,需要通过多种多样的提醒,以唤醒他们重新走进图书馆、重新拿起书本阅读的意识。

与倡导式宣传推广不同的是,提醒式宣传推广需要用资源和服务来吸引用户,这实际上是考验公共图书馆的竞争力的问题。面对社会各种休闲方式的竞争,公共图书馆能否以自己免费的优势、丰富的馆藏资源、丰富多彩的活动、优质的服务来争夺民众,在很大程度上与宣传推广的力度有关。

三、按宣传推广的途径划分

（一）媒体宣传推广

媒体宣传推广,即利用报纸、电视、广播、网络四大媒体进行宣传推广。通过媒体进行公共图书馆宣传推广通常有两种方式:一种是图书馆与媒体合作,吸引媒体对图书馆的资源与服务等进行报道;另一种是借助公共媒体平台,由图书馆自助式地进行宣传推广,这多见于网络媒体,如在 BBS(电子公告板)发帖子,在博客门户网站建博客或微博等。

（二）人际宣传推广

人际宣传推广是在人与人之间通过面对面的交流直接进行、不需要借助第三方机构或媒介的宣传推广。作为宣传推广的受众,既可以是单个的人,也可以是群体。人际宣传推广的方式有:咨询接待、新闻发布、读者座谈会、宣讲等。

人际宣传推广有以下特点。

（1）直接进行,即公共图书馆直接面向受众进行宣传推广而不需要借助中间环节。"直接"是与"间接"相对应的,所谓中间环节指各种媒介,也就是说,如果需要借助各种媒介进行宣传推广活动,宣传推广的意图需要通过媒介来传达,就是间接宣传推广。

（2）双向互动,即在宣传推广中,参与交流的双方可以及时地进行双向互动,当场反馈对宣传推广内容的理解、疑惑或分歧。

（3）信息表达丰富,即参与宣传过程的元素除了口头语言,还有表情、手势、语气、态度、眼神等,是一种"立体化""全效能化"的宣传过程。

（4）即时完成,即宣传推广过程即时完成,没有时滞。

(三)活动式宣传推广

活动式宣传推广,顾名思义,就是通过组办各种形式的活动,把宣传推广的意图,或直接或间接地传达给参与者,使参与者在活动中获得对公共图书馆的了解,了解公共图书馆是一个什么样的场所,了解公共图书馆的馆藏资源,了解公共图书馆的各种服务等;另外,让参与者对公共图书馆产生好感,感觉到公共图书馆对个人的学习、工作与生活方方面面的支持,感觉到对阅读兴趣的培养,尤其是对未成年人阅读兴趣的培养所具有的独特作用,以及感受到公共空间环境对身心的修养作用等。

活动内容和形式可丰富多样,内容上可以是文化类、阅读类、休闲类、娱乐类等;形式上可以是讲座类、联谊类、阅读类、竞技类等。

四、按宣传推广的策略划分

(一)体验式宣传推广

体验式宣传推广,即通过一些体验活动、便民措施、激励措施等,激发和唤醒民众对公共图书馆的兴趣,从而将潜在用户发展为公共图书馆的现实用户。体验式宣传推广与商品促销有类似的地方,即用一些"好处"来诱导民众,使其产生使用欲望。但公共图书馆的宣传推广与商品促销又有着本质的区别,公共图书馆的所作所为是为了促进公众去使用他们有权使用的资源与服务,是以促进阅读、促进知识与信息的获取、倡导健康的休闲方式等为目的的;而后者是以"小利"来诱惑潜在消费者,最终促使消费者花钱购买产品或服务,是以盈利为目的的。

(二)间接感知式宣传推广

间接感知式宣传推广,即公共图书馆通过组织一些看似与图书馆的功能没有直接关系的活动,如游艺、联谊、民俗欣赏、歌舞戏剧表演、手工制作、书法绘画等,一是可以提高公共图书馆的知名度,吸引民众走进公共图书馆,这是他们利用公共图书馆的第一步;二是可以在活动中有更多的机会接触其他用户,其他经常使用公共图书馆的用户能诱导很少使用图书馆的人产生利用公共图书馆的愿望。

值得注意的是,把这类与阅读和信息获取无直接相关性的活动视作图书馆推广的方式是一种相对传统的认识,近年来,一种新的观点越来越受到重视,即从"第三空间"的角度来看待公共图书馆以及所举办的这类活动具有的意义。"第三空间"的概念完全颠覆了过去对公共图书馆举办文化类活动的认识,将它们的地位从一种从属、辅助性地位提升到图书馆服务的核心地位上来。

所谓"第三空间",这一概念来自美国社会学学者雷·奥登伯格(Ray Oldenburg),他将其定义为除了第一空间(家庭居住空间)和第二空间(职场工作空间)之外的公共空间,如酒吧、咖啡店、公园、图书馆等。图书馆作为一种"第三空间"在国际图书馆界正在达成共识,2009 年 8 月国际图联卫星会议的主题是"作为场所与空间的图书馆",其分主题之一是"作为第三空间的图书馆"。这一全新的认识角度促使人们开始重新思考图书馆:"当你想到图书馆的时候你首先想到的是什么?"(What is the first thing that you think of when you think of a library?)而在"第三空间"观念的支配下,这个问题的回答就是:"一个温暖的地方,在这里我可以随书历险。"(A place of mild climate where I can find adventures.)可见,"第三空间"的概念赋予了公共图书馆更多的使命与功能。这样,公共图书馆就不仅仅是一个借阅文献和获取信息的地方,而是可以多方面地满足人们需要的地方。为此,一个关键点就是要设法缩小"他们"和"我们"的距离,让公共图书馆成为人们最常驻足的地方,"我不在图书馆,就在去图书馆的路上"。

按照"第三空间"的概念,原本被归为"间接感知式宣传推广"的图书馆活动就不再是图书馆宣传推广的一种策略,而是属于图书馆服务的核心业务范畴的内容。

五、按宣传推广的内容划分

(一)图书馆宣传推广

图书馆宣传推广,即以某一公共图书馆整体为对象的宣传推广,目的是提高公共图书馆在本地区的知晓度,进而提高公共图书馆的办卡率和到馆率,即提高公共图书馆的利用率。

(二)图书馆服务宣传推广

图书馆服务宣传推广,即针对图书馆服务的宣传推广,目的是提高本地公众对公共图书馆现有服务项目的了解,促进他们对这些服务项目的体验与利用。服务项目的宣传推广既包括常规项目,如文献借阅、查询、用户培训、各类阅读活动、新书信息等,也包括新型项目的宣传推广,像深圳图书馆刚刚推出24小时街区图书馆、上海图书馆推出移动阅读、各地公共图书馆推出全城通借通还服务等,在公众尚未广泛知晓的情况下,都需要努力地宣传推广。

(三)图书馆活动宣传推广

图书馆活动宣传推广,即针对公共图书馆开展的各类活动进行宣传推广,以提高图书馆活动的参与人数。由于图书馆活动越来越成为图书馆的核心业务,且活动的举办量也越来越大,正如提高图书馆的文献借阅率一样,提升这些活动的"人气"也同样不可忽视。

第二节　公共图书馆宣传推广的原则

一、目的性与整体性原则

宣传推广是为提升公共图书馆的知晓度,鼓动人们走进图书馆并利用图书馆的资源与服务而开展的一项工作,所以宣传推广必须要有明确的目的。

首先,如果达不到提升公共图书馆的知晓度和利用率的目的,那么,这样的宣传推广是失败的工作。建立这一信念是十分必要的,因为长期以来,我国公共图书馆形成了一种类似于政府机构的官僚风气,即对工作成效的考量主要看上级主管部门是否满意而不是真正考量一项工作的实际效果。如果建立了以是否达到了目的作为考量工作成效的信念和标准,将有助于使宣传推广工作趋向务实和高效的正确道路。

其次,如果目的不明确,就无法形成可执行、可操作的方案,也就难以达到宣传推广的目的。具体地说,宣传推广应该具有两种目的。

（1）认知目的。即让公众获得对公共图书馆的认知,包括:①引起了公众对图书馆的注意。②向公众解释了图书馆形象识别符号的含义。③让公众知晓了公共图书馆有哪些资源并能提供哪些服务。④提升了公共图书馆的形象。⑤让公众了解了利用公共图书馆可能带来的好处。⑥让政府投资部门知道了公共图书馆的社会价值等。

（2）行动目的。即让公众产生走进图书馆的欲望并付诸行动。包括:①新增用户数量达到了预期的数量。②到馆人数有所提升。③读者活动参与人数有所增加。④文献借阅量有所增加。⑤其他服务的使用量有所增加等。

宣传推广还必须从整体协调的角度进行策划和实施,包括:与图书馆的职业价值观的一致性;与公共图书馆的办馆理念相协调;与公共图书馆的服务宗旨协调一致;实施宣传推广的各个部门要整体协调;宣传推广工作中的各个环节要具有整体性。

二、创造性与可行性原则

图书馆宣传推广的目的是让更多的人走进图书馆并利用图书馆,而要实现这个目的,宣传推广的效果至关重要。不言而喻的是,让宣传推广活动具有创造性将有助于提升它的效果。

衡量创造性的简单办法是看所设计和组织的宣传推广活动是否引起了广泛的关注,是否给人留下深刻的印象,是否引起了人们的情感共鸣,等等。

当然,并非公共图书馆的任何宣传推广活动都需要创意,实际上,宣传推广有常规性和非常规性之分。作为常规性的宣传推广,它需要经常性地进行,对创意的要求不高,所需的人力、物力及经费也不多。比如,通过长效性的渠道与公众保持信息的沟通,对图书馆的资源、服务、活动等及时进行宣传报道或预告等。但是,公共图书馆要吸引更多的人走进来,单靠这样常规性的宣传推广活动是远远不够的。策划一些有创意、能吸引广泛关注的非常规性宣传推广活动,才能获得用户量和使用量的突破。

宣传推广的过程包括策划与实施,但是一个现实问题是:策划和实施往往是不能兼顾的,一些非常有创意的策划囿于现实条件而难以实施的情形是非常多见的,因此需要在策划与实施之间找到平衡点,从现实条件出发去策划方案。现实条件包括:人、财、物、时间与空间等,如果条件不支持,再好的策划也难以实施。

三、计划性与连续性原则

为了保证宣传推广活动举办的质量和效果,任何活动都需经过事先的计划与安排,在一般情况下,不应该随意改变计划。道理是显而易见的,凡事先做好的计划与安排,都涉及人员、经费、物资等诸多因素的配备和协调,任何随意改变计划的做法都有可能使其中某一因素不能及时到位,从而影响整个计划的实施。

可能存在这样一种现实状况,即公共图书馆的内部条件和外部环境处于不断地变化之中,制订宣传推广活动的计划时很难预料以后的变化,这可能导致到了执行计划时才发现计划存在问题需要做出调整。经验表明,应该在制订计划时留有余地,以便在情况发生改变时能够灵活地加以调整。

宣传推广活动是一个持续不断的过程,不存在一劳永逸的宣传推广。首先,公众利用图书馆的习惯的培养很难一次性完成,必须经由一个反复刺激的过程;其次,图书馆处于一种不断的变化之中,从内部来说,图书馆的办馆条件与服务能力在不断变化。从外部环境来说,服务对象的需求在不断变化,服务对象的组成也在不断变化,社会的信息环境和休闲娱乐方式也在不断变化。所有这些,都促使图书馆要通过持续不断的宣传推广来吸引公众的注意力,来刺激他们走进图书馆的欲望,唤醒他们已经沉睡或逐渐减弱的阅读兴趣。

第三节　公共图书馆宣传推广的媒介

一、印刷品

把公共图书馆的简介、图片、资源、服务项目、活动类型等内容印制在纸质载体上,形成宣传画册、宣传页等,广为散发,这就是经由印刷品的宣传推广途径。

根据宣传推广的内容,印刷品包括图书馆简介、用户手册/图书馆指南、资源专册、自办刊物等形式。

(一)图书馆简介

当一个公共图书馆面向民众介绍自己的时候,首先需要明确的对象,即图书馆简介是给谁看的,当然不会是给自己看的,也不是给同行看的,更不是给政府主管部门的管理者看的。如果需要给同行看、给政府管理者看,那应该是另一个版本,一般民众与同行、政府管理者是很难同时兼顾的。确立了阅读对象以后,还需要确立普通阅读者最希望看到的是哪些内容,站在他们的角度,一般而言,他们只是需要知道这是一个什么样的公共图书馆,有什么样的资源和服务,哪些内容有可能吸引他们,等等。制作图书馆简介时,要避免出现下列问题。

(1)内容太长。如果读者需要花费太多的时间和耐心才能读完一份图书馆简介,他们通常会选择放弃阅读。内容太长的另一个弊端是容易把读者真正想了解的信息分散和屏蔽掉,影响他们对图书馆的了解。

(2)使用专业术语。由于面对的是普通民众,他们中大多数人不熟悉专业术语,哪怕是已经使用较为普遍的专业术语,比如"检索",显然不如"查找"更容易理解。

(3)炫耀政绩。避免在图书馆简介中叙说自己做了什么、获得了哪些荣誉。图书馆做了什么是关系到图书馆自身的职业责任问题,它不是阅读者感兴趣和需要知道的内容。图书馆取得了荣誉,或许希望跟用户分享,但不能强行地向他们炫耀。

(4)叙述馆史。图书馆简介的主要目的是让阅读者了解图书馆现状以便决定是否使用,除非有进一步了解的需要才可能产生阅读馆史的愿望。是否需要进一步了解应该由阅读者自己来决定,所以最好的办法是在图书馆简介的页面给出链接。

(5)公文色彩。应该从两个方面避免公文色彩:一是内容,比如图书馆将来的发展目标、工作预期等;二是语言,严谨、刻板的公文语言会减弱其可读性,应该避免使用。

（二）用户手册/指南

用户手册/指南是引导用户使用图书馆的辅助性工具,好的用户手册/指南应该使用户感觉信息完备,通过它可以顺利地使用图书馆。用户手册/指南的内容一般包括以下几点。

（1）告知。告知用户使用图书馆必须了解的信息,如开闭馆时间、交通、入馆须知、办证及借阅程序与规则等。

（2）服务项目介绍。包括常规服务与特殊服务,常规服务如文献借阅、预约、通借通还、日常阅读活动、培训项目、文化类活动等;特殊服务主要是针对特殊人群的服务,如为残障人士提供送书上门服务,企业、军营的团体借阅,送书下乡等。

（3）规约。图书馆与用户之间事实上存在合约关系,所以需要对读者的行为有一些约束性的规定,如遵守图书的借阅期限和册数规定、不能污损图书、不能在图书馆吸烟等。

用户手册/指南的主要使命是引导用户使用图书馆,但它同时也具有宣传推广公共图书馆资源与服务的功能。在完成它必须传递的信息的前提下,提高可读性会使它的作用发挥得更好。提高可读性的方法有:让文字更简洁,增加文字的亲切感,某些内容可以图文并茂甚至以漫画的形式来表达。

（三）资源手册

资源手册是有关馆藏资源信息传递的快速通道,其目的是提高馆藏资源的利用率。资源手册有两种内容:一种是馆藏资源的全面介绍,包括资源的种类、数量、特色等;另一种是新书信息快递。

尽管现代公共图书馆的功能已经有了很大的拓展,但文献借阅的核心地位并没有改变,提高文献利用率是每个公共图书馆面临的一个重要的任务,也是一个难题,做好资源手册的意义就不言而喻了。

既然资源手册的目的是推动文献利用,那么资源手册就必须以利用为导向。要避免炫耀重点馆藏的倾向,比如浓墨重彩地介绍镇馆之宝、特色馆藏等,这类馆藏往往并不是大众用户需要的,以这类馆藏资源为主要或重点内容的资源手册起不到提高资源利用率的作用。

（四）自办刊物

我国相当一部分公共图书馆都有自办刊物。自办刊物分三类：第一类以业务交流为主，以图书馆员和业内人士为阅读对象，如杭州图书馆的《图书馆情》；第二类以促进用户利用图书馆和促进阅读为主，以图书馆的服务对象为读者。

真正具有宣传推广图书馆作用的是上述第二种馆刊，它是连接图书馆与用户的桥梁。从内容看，一方面可以传递图书馆信息，包括新书信息、服务动态、图书馆活动信息等；另一方面也可以表达用户的心声，如用户心得、感悟、书评、批评和建议等。从形式上看，可以采用多种文体，如随笔、纪实、评论、微型小说、诗歌等；还可以配以图片、插图等。

二、实用性小物品

把图书馆的名称、Logo（标志）、宣传口号、服务项目等印制在物品上，作为赠品散发给社会公众，起到宣传图书馆的作用。由于这类赠品具有实用功能，故容易受到公众欢迎。经常被用作赠品的物品有：书签、笔、明信片、徽章、笔记本、手拎袋、U盘、雨伞等。

用实用性小物品来宣传推广图书馆具有良好的效果，由于它们具有实用功能，使人们在使用该物品的时候就会看到该图书馆的信息，这种反复的刺激就是一种提醒，提醒人们不要忘了去图书馆。此外，具有使用功能的物品也让人们对图书馆产生一种亲近感。

制作实用性小物品需要资金支持，经济发达地区的公共图书馆采用向主管部门申请专项经费、企业赞助、自筹等方式解决。经济欠发达地区的公共图书馆解决途径是一样的，只是解决起来更困难一些。

具有不同使用功能的物品，其对公共图书馆的宣传推广作用也是各不相同的。像书签、笔、笔记本、U盘等属于个人使用的物品，其广而告之的作用有限，通常仅对获得该物品的个人起到提醒、联络感情等作用。许多公共图书馆往往将其用于对用户的阅读行为和参与图书馆活动的奖品。而像晴雨伞、手拎袋等物品，因其都是在公共场所使用，使附着于外表的图书馆标识等信息具有展示性，故在图书馆宣传推广方面的功能明显一些。

三、多媒体

通过制作视频、幻灯、动画等多媒体作品来介绍和宣传图书馆,由于所采用的媒介符号具有多样性特征,包括文字、声音和图像,其表现力丰富,要传达的内容直观易懂,因而具有较强的感染力,不失为最佳的宣传推广媒介。

(一)视频宣传片

从形式上看,制作视频宣传片有两种类型:(1)纪录片式,即直接而全面地介绍公共图书馆的历史沿革、馆藏资源、服务、图书馆活动等。(2)微型故事式,即由人物、故事情节而形成的"故事片",故事都是围绕图书馆展开的,如清华大学的《爱上图书馆》系列视频。后一种宣传片是近年来刚刚兴起的形式,在高校图书馆运用相对较多,因其形式活泼、新颖,可看性强,颇受好评。

视频宣传片的制作成本比较高,技术性也比较强,一般规模较大的公共图书馆才有条件制作。

(二)幻灯片和动画片

幻灯片和动画片是制作相对简单的宣传片,利用电脑及相应的软件即可制作,尤其是幻灯片,基于 PowerPoint 制作已经相当普遍。在一些公共图书馆,幻灯片常用于制作图书馆宣传片或用户信息检索培训的课件;动画片的制作比幻灯片复杂一些,但平面动画比较容易实现且运用广泛,用平面动画制作图书馆宣传片简单易行,生动活泼,容易引起观众的观看兴趣。所以,对于小型公共图书馆,如果不具备制作视频类的宣传片的条件,可以考虑制作幻灯片和动画片,它们是低成本、制作简单易行的媒介形式。

无论是视频类还是幻灯、动画类的宣传片,可看性无疑是多媒体宣传形式能够成功的一个关键点,而提高宣传片可看性的关键与文字性的图书馆简介类似,即避免过长、避免过多与用户需要了解的信息无直接关系的内容、避免公文式的语言。总之,多媒体宣传媒介必须充分体现多媒体技术的特点:信息密度大、画面色彩丰富、画面变换节奏快,以及具有鲜明的时尚感。

四、宣传画

宣传画又名招贴画,是以宣传鼓动、制造舆论和气氛为目的的绘画。宣传画的特点是形象醒目、主题突出、风格明快、富有感召力。从结构上看,宣传画通常是绘画与文字的结合体,即在画面上再配以有感召力、说服性的文字,以加强效果。

除了绘画外,也可以用形象代言人的照片来制作宣传画,借助名人效应来强化宣传效果,如美国图书馆协会用一位 WNBA(美国女子职业篮球赛)球星的照片制作宣传画,号召公众申办图书馆卡。此外,也可以用图书馆员的照片来制作宣传画,如美国纽约皇后区图书馆用一张面带微笑的女图书馆员的照片制作宣传画并印制在公交车车体上,使图书馆员的微笑成为城市的流动风景。

宣传画制作要注意几点:(1)明确宣传的主题。如宣传本公共图书馆,或宣传本馆的某一活动,宣传本馆新推出的服务项目,宣传本馆的服务理念等。(2)明确宣传的受众,即希望向谁宣传。(3)宣传画和文字的设计要符合画面优美、文字有感染力的要求。

五、符号

符号,指具有宣传功能且对宣传主体具有识别功能的图形符号与语言文字符号等,通常是 Logo 和口号。

(一)Logo

所谓 Logo,就是一种机构标志,也叫徽标,以准确、精炼的视觉形象传达给观众一定的含义,同时也借助人们对符号识别、联想等各方面的思维能力,在看见它的瞬间能够联想到它所代表的机构,比如人们一看到 KFC 三个字母组成的 Logo 能立即想到肯德基及其美式快餐。Logo 通过有意识的设计还能将机构的特征、使命、文化等内涵用抽象的图形符号等表现出来,比如一看到 KFC 这个抽象的符号,立即能理解它所代表的饮食文化、服务理念、就餐环境等,因而 Logo 是一种很好的机构宣传媒介。

图书馆领域引入 Logo 始于引入 CIS 理念,在 CIS 识别系统的视觉识别(VI)系统中,Logo 是一个重要的元素,也是一种重要的机构形象塑造手段。

作为一个具有文化属性的公共机构,公共图书馆甚至比别的机构更看重 Logo 的文化映像作用,最典型的莫过于美国纽约公共图书馆的 Logo。纽约公共图书馆门前有两只石雕卧狮,分别称作"阿斯特狮"(Astor)和"莱努克斯狮"(Lenox),后来又俗称"阿斯特先生"与"莱努克斯夫人"。在 20 世纪上半叶的经济大萧条时期,纽约市长拉瓜地亚(LaGuardia)为了鼓舞市民战胜经济危机,分别将这两座石狮子命名为"忍耐"(Patience)和"坚强"(Fortitude)。这两座狮子塑像从 1911 年开始一直守护着这座著名的公共图书馆,从某种意义上说,它也是这座公共图书馆的图腾,给了纽约市民和世界各地游客无穷的想象力,因而深受人们的喜爱。20 世纪 90 年代,当纽约公共图书馆在设计图书馆 Logo 的时候,自然而然地以狮子为对象来形成 Logo 图形。2008 年,该馆决定重新设计 Logo,仍然以狮子为构图的主要元素,保留"狮子"这个图腾于这所图书馆的所有文化意义,但新 Logo 更时尚,更贴合数字时代,被誉为"图书馆狮子在数字时代脱下了它杂乱的鬃毛"。

(二)口号

口号,就是图书馆的一种语言识别符号,包括图书馆的精神口号、图书馆形象口号、图书馆宣传语等。口号之所以被认为也是一种符号,是因为一个成为机构标志的口号同样具有识别功能,即人们一看到或听到某个机构的口号,就能识别该机构,比如,"真诚服务到永远"是海尔公司的标志性口号。公共图书馆作为一个机构,也可以用口号来做自己的形象识别符号,使它的服务对象能够通过口号来识别这所公共图书馆,连同它的服务与所有给人良好印象的内容,比如,杭州图书馆的"贫民图书馆,市民大书房"口号,既是杭州图书馆的一种识别符号,也传达了杭州图书馆的服务理念。

口号分为图书馆识别口号、服务理念口号、新服务推广口号等。图书馆识别口号的符号特征突出,因而需要稳定,有些图书馆识别口号长达数十年甚至上百年不变,如纽约公共图书馆的口号"人民的大学"就是如此,这就要求图书馆识别口号的设计需要特别慎重。当然,这类口号也并非永远不可改变,图书馆是一个生长着的有机体,当图书馆有了一些革命性的改变以后,口号也需要跟着图书馆的变化而变化。有些公共图书馆的口号是反映服务理念的,比如深圳少儿图书馆的"快乐阅读、自然生活、健康成长",表明他们会以阅读促进健康成长的理念去践行服务,这类口号对于机构的识别性稍嫌不足,但能够通过传递服务理念来赢得用户的好感。另有一类口号,是为了推广新服务模式、服务举措等而提出来的,如佛山图书馆在全市实行通借通还、服务向街道社区延伸,因而推出的宣传口号是"同城生活、同城便利"。

六、图书馆网站

图书馆网站本身就是图书馆的一个虚拟窗口,集服务与宣传推广为一体。从宣传推广来看,上述种种宣传媒介的功能,除了物品这一媒介之外,其他所有的内容都可以通过网站来呈现,如纸质宣传品的内容以电子版在网站上呈现,包括图书馆简介、资源推介、新书快递、活动宣传推广、馆办刊物等,此外,多媒体宣传片也可通过网站观看。

由于网络在现代社会生活中的作用越来越重要,是人们获取信息的主要渠道之一,因此把公共图书馆网站办成其服务的宣传推广窗口,其必要性不言而喻。网站对图书馆服务的宣传推广有两种方式:一种是信息发布式,包括资源动态、新书信息、活动信息、惠民举措等的发布;另一种是互动式,在图书馆网站上建立互动平台,让用户来参与交流,使图书馆与用户之间建立起沟通的桥梁。

(一)信息发布

信息发布又分为两种:一种是常态信息的发布,如图书馆简介、用户须知、用户手册/指南、馆藏资源、服务项目、特殊服务等,这类信息不需要经常更新;另一种是动态信息发布,主要是馆藏信息的动向与服务动向,馆藏信息的动向又以新书快递为主,而服务动向包括图书推荐、服务新举措、图书馆活动安排等,这类信息必须更新及时,否则就失去了网站信息发布的功能。

(二)互动

在公共图书馆网站上搭建互动平台,是建立图书馆与用户相互沟通与交流的最佳渠道之一,不仅可以让用户向图书馆表达他们对图书馆服务的期望、意见与建议,也可以发表他们使用图书馆的心得体会和困难,以及书评与阅读感悟。其中,用户的图书推荐比图书馆员更有号召力。有的时候,互动平台仅仅就是发挥了解的作用,也许许多话题跟图书馆没有直接的关系,用户在这里的交流或许仅是一种倾诉、一种闲聊,说明图书馆网站已经起到了网络社区的作用。湖南图书馆网站上的"读行天下"论坛就是一个网络社区,从馆长到馆员,再到读者,甚至全省各地的馆员与读者,都可以在这个论坛上交流,话题十分丰富。

互动的实现方式,常用的有:BBS、图书馆信箱、图书馆博客或微博等。博客和微博原本是基于公共网站的个人媒体,但许多图书馆或图书馆员采用这一"个人媒体"构筑与读者交流的平台,这种带有工作性质的博客可以通过链接出现在图书馆网站上。

向用户传递信息、开展网上服务、搭建与用户交流的平台,这是公共图书馆网站的主要功能,而这些功能的实现有赖于网站的点击率,如何把网站建得有吸引力,这是一个需要高度重视的问题。除了网站信息更新及时、内容丰富有吸引力、方便好用等基本要求外,还应该避免出现下列现象。

(1)网站信息组织太烦琐,常用的信息被复杂的层级结构所屏蔽,容易导致用户放弃查看。

(2)有关图书馆内部的信息,比如部门竞赛、党团活动、学术交流、同行互访等,这是适合于内部交流的信息,这些信息放置于图书馆网站上,会占据网页空间,干扰用户查找信息,所以不宜将其放置在图书馆网页上。

第四节　公共图书馆宣传推广活动的组织

一、人际宣传推广的组织

人际宣传推广包含两种内容:一种是日常化的人际宣传推广,另一种是活动式的人际宣传推广。

（一）日常化人际宣传推广

日常化的宣传推广就是借助于公共图书馆的所有服务窗口进行宣传推广，每一位图书馆员都要承担这一宣传推广的任务，即当图书馆员面对用户时，利用可能的机会，适当地向用户推介图书馆的服务、资源以及活动。这一宣传推广方式还包括接待参观者时候的讲解，这无疑是效果最好的人际宣传推广方式。日常化的人际宣传推广不需要专门组织，只需要融入图书馆的日常工作中。正因为如此，这一类宣传推广是一项隐性的工作，能否实施依赖于图书馆员的意识和执行的动力。从组织实施的角度看，需要从如下方面入手。

（1）形成以图书馆利用率为评价指标之一的激励机制。

（2）周期性对图书馆员进行考核与培训。

（3）建立人人宣传图书馆的机构文化。

（二）主题式人际宣传推广

主题式人际宣传推广是按照事先设计的主题与实施方式而进行的宣传推广，因而这类宣传推广需要事先做方案，然后按方案去实施。常见的主题式人际推广方式有座谈会、宣讲等。

座谈会的实施相对简单，但成功的座谈会仍然需要认真策划和组织，否则很容易流于形式而收效甚微。座谈会的实施需要把握如下几个方面。

（1）确定一个主题。确定主题是组织座谈会的第一个难关，一个能够引起人们兴趣的主题是吸引用户参与的关键。

（2）邀请合适参与者。邀请参与者是一个需要认真策划的问题，不同的目的就有不同的邀请方案。为座谈而座谈、为宣传推广图书馆服务而座谈，就有不同的邀请方案。如果为座谈而座谈，邀请的重点是对话题有研究、有兴趣的人，而如果是为了宣传推广图书馆服务，邀请方案就会考虑各种类型人员的搭配。

（3）选定有经验的主持人。有经验的主持人能够起到控制座谈的方向不偏离主题的作用，同时能够调节座谈会的气氛，避免冷场。

（4）布置会场。一个轻松而温馨的会场环境有利于增加愉快的氛围，甚至可以通过视频、展板、资料袋等方式展示相关资料，以利于参与者更容易进入话题。

比起座谈会,宣讲的效果更值得关注。宣讲,就是由图书馆工作人员、图书馆专家、用户等面向社会公众宣讲图书馆知识,宣传图书馆的资源与服务,宣传阅读的意义、方法与感悟等。宣讲这一人际推广方式的优势有如下几点。

(1)高效率。一个人宣讲,听众可以从数十到数百甚至上千。

(2)内容按主题设计和撰写,有质量保证。选定宣讲主题后,可以充分准备演讲稿,以保证宣讲的质量。

(3)选择有演讲能力的人主讲,可以保证宣讲的效果。在有基本演讲能力的前提下,还可以通过培训不断提高演讲水平。

(4)走出图书馆,走向社会,更容易组织,影响面更大。跟其他图书馆活动需要把民众邀请到图书馆来参与不同,宣讲可以走出图书馆,走向社会,比如到学校、企业、军营等去宣讲。一方面,从组办的角度看,走出去的方式是更容易实施的方式;另一方面,走出去的方式由于可以面对更多的人群,故影响面更大。

二、活动式宣传推广的组织

策划一个活动,最关键的就是吸引人们来参与,可以这样说,参与人数是衡量一个活动成功与否最重要的指标。

宣传推广活动的策划主要表现在两个方面:一是主题策划,二是活动形式策划。

(一)主题策划

主题策划也称内容策划。在进行宣传推广活动的主题策划时,有两种思路:一种是“我们需要搞一个什么样的活动”,另一种是“我们应该针对什么对象去组织一个什么样的活动”。这两种思路有着本质的区别:第一种思路,不针对特定的对象,因而关注点在活动本身,无须了解对象的需求,往往由组织者按照自己的构想来策划主题;第二种思路,则是图书馆营销的思路,即首先确定参与者,也就是说,是针对一个特定的群体来策划宣传推广活动的。为此,首先需要对该群体有所了解,了解他们的生活状态以及他们的需求等,然后有针对性地根据他们的状态和需求来策划活动。

这两种策划方式有不同的目的。第一种策划方式面向全体服务对象,其目的是向所有的民众宣传推广公共图书馆。面向所有对象就是没有特定对象,因此这类活动是没有指向性的,组织者的关注点集中在活动本身,希望通过活动来提高人们对图书馆的兴趣。由于没有特定对象,所以在主题策划时,不受参与对象的限制,主题策划选择面比较大,所以也是许多公共图书馆乐意选择的主题策划方式。

策划这类活动的时候,"选题"是一个难点,实践中,图书馆员们往往为想不出好的内容主题而犯难。那么,怎样才能产生好的主题呢? 总结许多公共图书馆的经验,下列途径也许有助于解决这一难题。

(1)关注社会各方动态,关注社会热点。只有从社会动态中和社会热点中去捕捉活动主题,这样的主题策划才能迎合社会大众的兴趣。比如,电视剧《蜗居》热播以后,上海图书馆举办小说《蜗居》作者六六与读者的见面会,杭州图书馆的文澜大讲堂做了一期以"《蜗居》中的女人"为主题的讲座活动,都取得不错的反响。

(2)关注相关行业的活动策划。一些与图书馆行业相关的行业,如新闻、出版、学校、书店等,以及一些相关的机构团体如共青团、妇联、残联等,它们的活动策划往往与图书馆的活动有相关性,甚至比较近似,比如组织大众阅读活动等。如果它们策划的活动具有借鉴价值,就可以融入图书馆的活动策划中。

(3)关注同行的活动策划。不仅关注国内公共图书馆,也关注高校图书馆的活动策划,最好还能关注海外、国外图书馆的活动策划。有些好的活动是可以借鉴甚至照搬的,比如深圳南山图书馆在参观齐齐哈尔图书馆时了解到齐齐哈尔图书馆举办过"查字典比赛"并且效果很好,南山图书馆随后也借鉴了这一活动,与进城务工人员子弟小学合作,组织进城务工人员子女参加这一活动,取得了非常好的社会反响。

当然,发动图书馆员来创造选题创意是最根本的解决之道,选题是一项创造性的智力活动,越是能调动"脑力资源",所产生的创意就会越多。美国2010年全美最佳小型图书馆得主格兰卡宾纪念图书馆的馆长休斯这样评价她的员工们:"他们给了我很多灵感和启发……他们像一场龙卷风,呼啸着冲进我的办公室,带来了绝妙的点子。"

第二种策划方式面向一个具体的对象群体,也是有着明显特征的群体,比如以某种生活状态为特征、以某种身体状态(年龄、性别、生理等)为特征、以某个生活区域为特征、以某种地域文化为特征等。在选定了具体的对象以后,甚至可以具体到对象的数量,即针对一个多大数量的特定对象策划宣传推广活动。在针对特定对象进行活动策划时,内容范围受到对象的限制,即内容必须是对象需要的、能被对象接纳的。在做活动策划时,事先了解活动参与对象的生活状态是必要的,可以通过观察、访谈等途径进行了解,从而帮助组织者判断对象的需求。为什么不直接询问对象的需求呢?这是因为,他们往往并不知道自己有什么需求,实际上,需求在很多时候是被启发出来的,图书馆员凭借自己的经验可以设计一种需求,如果这种设计是针对对象的生活状态的,往往就能打动对象,使他们意识到这种活动所传达的东西的确是他们所需要的。这种情形,就好比新产品开发一样,消费者往往看到了某种不一样的产品,被它的某种功能所吸引,进而才产生购买欲望的,在看到该新产品以前,他们并不知道他们具有这种需求。

这种策划方式源自于图书馆营销,其程序性比较明显,即需要按照如下程序完成策划。

(1)确定目标用户,了解他们的生活状态、生理特征等,了解目标用户的具体数量。

(2)确立宣传推广活动要达成的目的。

(3)绑定一个服务项目,如阅读、信息查询与利用、沙龙、扫盲与培训等来形成活动的内容。

(4)对活动举办的效果进行评估。

上述两种内容策划的方式没有好坏之分,各有不同的作用。不针对特定对象的内容策划,因为是面向全体社会成员或某一部分社会成员的,所以活动的内容策划要考虑影响力,内容的适应面要广。而针对一个特定对象群体的活动,则强调内容的针对性,因而不考虑吸引更多的人参与,只要设法提高所确定的那个群体的参与率即可。

（二）活动形式策划

前述主题策划最终还需要通过一定的活动形式来实现，所以，在完成主题策划以后，还需要有活动形式策划。

形式是跟着主题走的，即要根据前述两种不同的主题来决定形式，并且要把主题实现得圆满。因此，对形式的策划也同样重要。

所有的宣传推广活动的形式都是从无到有产生出来的，是图书馆员智慧的结晶。已经有的活动形式可以重复运用，新的活动形式还将层出不穷地产生。常见的活动形式有以下两种。

（1）户外型：探访、游览、游艺、运动等。

（2）室内型：讲座、展览、培训、演艺、鉴赏、沙龙、故事会、制作、技能竞赛等。

在大多数情况下，活动形式策划并不追求整体的创意，而是追求组合创意和细节的创意。主题与形式的组合就可能产生创意，通常阅读活动都是室内活动，如故事会、阅读沙龙、讲座、作者与读者的见面会等，但如果打破常规就有可能产生新的阅读活动形式。西班牙巴塞罗那图书馆联盟举办的"文学之旅"活动，就是将以文学阅读为主题的活动策划成为一个户外探访活动，这项被命名为"文学之旅"的活动，活动主题是文学与阅读，活动形式是探访著名作家居住过或其作品中描写过的地方，并顺便访问沿途的公共图书馆，这一奇特的组合使该项活动充满趣味。另一种创意形式是细节创意，即仅仅是对整体活动中某一个局部进行了创新，使其成为整个活动的"亮点"。一个从形式上看仍属常规的活动，因为有了一个、两个或多个"亮点"，仍然可以成为一个富有创意的活动。比如一个常规的暑假学生阅读活动，因为有了激励措施，就使得阅读变得大受欢迎。

（三）宣传推广活动的组织

一旦选题确定，宣传推广活动就有了内容，这意味着活动的策划已经成功了一半，剩下的就是组织实施了。

公共图书馆的这类宣传推广活动，就每一次活动而言，它都是"一次性"的，无论是成功还是失败，都只有一次机会，活动一旦进行，就不允许出现差错，因为任何差错在现场都很难弥补，所以，必须事先做好活动的实施方案，使整个活动能够在程序规范的前提下有条不紊地进行。活动方案包括如下内容。

（1）软件准备。所谓软件，就是实施程序与规则，以及应急措施。程序包括整个活动的所有环节，以及它们的先后顺序。而规则，则是保证程序顺利进行的控制手段。无论是程序还是规则，都必须做到：公平而人性化、完整而清晰、易于理解、可操作。

（2）硬件准备。硬件包括场所与道具，按照活动的需要进行准备。关键点是安全，如果是有小朋友参加的活动，安全问题要加倍小心，不仅是场所的安全，还包括道具的安全与无毒。

（3）人员准备。即参与活动组织的工作人员，以及他们的分工和责任。大型公共图书馆组织宣传推广活动往往由专门的"社会活动部"（或读者活动部等）来组织，人员相对固定。如果是大型活动，甚至需要调动其他部门的人员参与。事先分工并落实责任十分重要，这是保证活动顺利进行的重要条件。小型公共图书馆没有专门人员，那么人员安排和责任落实尤为重要。

（四）宣传推广活动的宣传

宣传推广活动是为了宣传推广公共图书馆、促进公共图书馆的利用而举办的，但作为一项活动，它本身也需要事先宣传，通过广而告之，让更多的人来参与，否则就达不到宣传推广图书馆的目的。

常见的宣传方式有以下几种。

（1）媒体宣传，通过公共媒体提前广而告之。

（2）海报宣传，即图书馆自己制作宣传海报进行广而告之。

（3）通信设备宣传，如通过向注册用户群发短信的方式广而告之。

（4）网络宣传，即通过图书馆网站、微博等方式对活动进行宣传。

无论是哪种方式的宣传，都应该对宣传推广活动的内容进行描述，而且，这种内容描述的好坏与详尽程度，对宣传效果有直接影响。越是对活动内容描述准确、渲染得当的，越能取得好的效果。

第五节　媒体与网络宣传推广操作实务

媒体与网络都是公共舆论传播的主要渠道,所以也是公共图书馆宣传推广的重要渠道,公共图书馆应该予以高度的重视。

一、讲述"图书馆的故事"

公共图书馆是这样一个地方,它的每天,甚至每时每刻,都在发生着故事,媒体宣传的主要任务就是到公共媒体这样的平台上去讲述"图书馆的故事"。既然是讲故事,就必定有讲故事的人,在媒体上讲图书馆的故事,充当"讲故事的人"这一角色的有三种身份:媒体工作者、图书馆员和公共图书馆的用户。

(一)媒体"主讲"图书馆故事

由媒体工作者来讲述图书馆的故事,这是媒体宣传的主要方式。这一方式的优点是:媒体工作者能娴熟而规范地运用媒体语言,既可以把故事讲得符合媒体规范,也可以把故事讲得好听。缺点是:讲述什么、怎么讲,都不受图书馆的控制,会出现图书馆希望媒体讲的内容没有讲,或者没有完整而准确地讲述出一个故事意境的情形。如果我们希望媒体能够把图书馆的故事讲好,就必须善于与媒体打交道,与记者交朋友,通过深入的沟通,让记者成为公共图书馆的"知音"。

由于主动权不掌握在图书馆人手里,能不能让媒体来主讲图书馆故事是需要策略的。首先,公共图书馆应该创造"故事",用好的故事素材吸引媒体来报道。2011 年年初,一条微博讲述了杭州图书馆不拒绝乞丐入馆的故事,随后,这条微博在网络上迅速传播,成为当时网络上最热门的一个故事。这个故事引发了全国各地媒体"蜂拥而至"的关注,引发了数百家各种媒体都来讲述这样一个有关"温暖"的图书馆故事的情形。其次,公共图书馆应该善于与媒体合作,共同挖掘故事题材。比如每年的"4·23"世界读书日,这既是图书馆人需要去"创造"故事的日子,也是媒体感兴趣的日子,图书馆员就应该主动与媒体合作,让媒体来讲述图书馆故事。

（二）图书馆员"主讲"图书馆故事

由图书馆员在媒体上去讲述图书馆的故事看起来是一种更好的方式,因为图书馆员可以更清楚图书馆宣传推广的使命,可以把最希望传达的信息通过媒体传达给社会公众。但这种方式的难度可想而知,一般而言,传统媒体如报纸、电视、广播等很少让非专业人士成为主讲者,除非是社会名人、著名专家等。如果希望图书馆员成为主讲者,能够采取的策略有以下几种。

（1）图书馆员要学会应答媒体的采访,采访中,可以直接传达图书馆的声音。

（2）图书馆员要善于写作"故事",好的故事就有机会被媒体发表。

（3）网络媒体给了图书馆员更多的"主讲"的机会,尤其是一些互动性的网络社区,是网民们自由交流的网络空间,图书馆员应该积极去利用好这样的网络媒体。

无论是撰写文字稿到媒体上发表,还是得体地应答媒体的采访,或者直接到网络媒体上"讲故事",都要求图书馆员具有"讲故事"的能力。《公共图书馆服务发展指南》专门建议:应当培训图书馆员工利用传播媒体来宣传图书馆的服务,学会如何应对媒体的询问,他们还必须能够为地方报纸写文章和准备通讯稿。

浙江温州少年儿童图书馆刚开始打造"儿童阅读小课堂"的时候,就是通过网络大做宣传,他们把这项活动命名为"毛毛虫上书房"。馆员们把该活动的信息发布在"温州宝宝论坛"上,并且在新浪网开了"毛毛虫上书房"博客。随着他们的多方宣传,也由于该项活动取得了不错的效果,在该阅读课程运行了一段时间后,已经成为该馆在温州市的一个知名度极高的服务品牌。

（三）用户"主讲"图书馆故事

如果公共图书馆的用户到媒体上或网络上"现身说法"地讲述自己利用图书馆的故事,这无疑能够取得较好的宣传效果。

用户在哪些情况下愿意来讲述图书馆的"故事"呢? (1)利用公共图书馆的经历,让用户真正感受到了"实惠",比如促进了他们的阅读,帮助他们解决了工作或生活中的问题,培养了孩子的阅读兴趣,使他们的闲暇生活更加有趣味等。这样的经历让他们可能产生讲述的愿望,以便与他人分享自己的经历。(2)图书馆的服务,或者图书馆员的帮助感动了他们,使他们愿意表达这份感动。

同时,图书馆员应该动员用户来讲述图书馆的故事。尽管许多公共图书馆通过自办刊物、出版书评选集等方式来发动用户"讲故事",但这两种媒介的影响范围远不及媒体及网络,所以,还是应该发动用户到媒体及网络上讲故事。

温州少儿图书馆的"毛毛虫上书房"让许多参与其中的家长大受启发,就有家长在网络上讲述"图书馆的故事"。

二、媒体/网络宣传的运作

公共图书馆的媒体/网络宣传的主要目的是宣传推广公共图书馆,因此,媒体/网络宣传是需要公共图书馆主动去运作的。

(一)公共图书馆媒体/网络宣传工作的管理

大型公共图书馆的媒体/网络宣传推广工作应该纳入到常态化的工作中,这种常态化体现在管理机制的建立。表现为:(1)设置推广部门实施专门化管理,或者在行政部门中设置专门职位,以保证专人管理。(2)作为一项常态化的工作,应该制订年度宣传推广工作计划。(3)对媒体/网络报道实行全面收集与归档管理。

小型公共图书馆受到条件制约,很难以制度化的方式来推进这项工作,不妨根据小型公共图书馆的实际情况制定相应的工作模式。首先,建立重视媒体/网络宣传推广的意识,而这正是许多小型公共图书馆所缺乏的。其次,在不可能设置专门部门或专门职位的条件下,至少可以把责任落实到具体的工作人员上面,以明确分工与责任。再次,小型公共图书馆在媒体/网络宣传推广的途径、方式等方面与大型公共图书馆并无不同,可以借鉴大型公共图书馆的经验。最后,小型公共图书馆尽可能利用免费的公共网络资源来进行宣传推广工作。比如,微博是一种建立在公共网络上的免费社交工具,许多县市级公共图书馆通过微博做宣传,宣传图书馆的新书,宣传图书馆活动,宣传服务理念等。

(二)媒体/网络宣传的立场

既然公共图书馆媒体/网络宣传的目的是宣传推广图书馆,那么,这既是宣传推广目的,也是公共图书馆运作媒体/网络宣传的立场。但在实际操作中,忘记这一立场的情形并不少见,比如一些公共图书馆更看重通过媒体/网络宣传自己的"政绩"而忽略了根本的目的。这种"政绩"宣传常见的文字格式是:××图书馆几年来接待了读者共计××人次,借阅书刊共计××册次,办理借阅证××个,开展了××特色服务等,不仅受到读者的喜爱,还受到国家、省市、部委等领导的高度赞扬……

这种宣传,因其宣传的立场不是为了提升民众利用图书馆兴趣,而是在宣传图书馆的"政绩",必然导致宣传文本公文色彩浓厚,不贴近民众,缺乏民众真正感兴趣的信息,所以往往不能取得好的宣传效果。

当我们把宣传推广的立场放在公众一边的时候,宣传的角度才是"向下"而非"向上"。这个"下",就是社会公众。面向社会公众的宣传,就不会是公文式宣传,而是讲述民众能够接受、愿意聆听和观看的"故事"。

(三)媒体/网络宣传的类型选择

媒体/网络宣传根据宣传内容的不同而有不同的类型,即消息类、新闻报道类和新闻评论类。

消息类的主要功能是信息通报,当图书馆需要把相关信息(如活动信息、新型服务项目信息、新书信息、服务举措变更信息等)告知给社会公众时,通常选择消息报道类。消息类报道分事前报道与事后报道两种,无论哪一种,都具有内容简单、占据媒体资源少、容易见报或出镜的优点。缺点则是"故事"色彩不浓,容易被读者或观众忽视。公共图书馆即将推出的新型服务和图书馆活动(如讲座、展览等)容易成为事前消息报道的题材,而一些已经实行的服务项目或活动,则容易成为事后消息报道的题材。

与消息类报道相比,新闻类报道则具有"讲故事"的特点,即包含了背景、人物、过程等信息,因而从宣传推广的功能来看,比一般的消息类更详细和深入。新闻报道文风、类型各异,犹如故事有长有短、有曲折有简单。新闻类报道的另一特点是时效性强,通常都是针对最新发生的或热门事件进行报道。公共图书馆发生的事件能否成为"新闻",取决于该事件是否具有社会影响力,以及一定的"奇特性"。比如,2012年"春运"期间,国内数家公共图书馆推出了协助进城务工人员网购火车票的服务,这无疑是既具有社会影响力,又具有一定的"奇特性"的事件,理所当然地成为新闻报道的素材。

新闻评论类是兼具新闻报道与评论双重功能的报道类型,在事件描述的基础上,还对所报道的事件予以评论,以挖掘和阐明事件的因果关系,揭示其实质和意义,因其具有一定的观点性,故对读者(观众)具有一定的引导性。这种有叙有议的报道方式,其社会影响力是最强的,所以宣传效果也是最好的。那么,公共图书馆的哪些事件可能成为这类报道的素材呢?通常,社会影响大或意义重大的事件可能获得评论类报道,这一点跟新闻类报道性质一样,只是影响力、意义的重要性方面更明显一些。比如,深圳城市街区24小时自助图书馆项目推出后,社会反响极大,《光明日报》为此发表评论式报道《值得尊敬的革命》(见相关链接3.19);2007年浙江图书馆实行免费服务,由于此举措开全国省级公共图书馆免费服务之"先河",故《人民日报》发表评论式报道《免费开放,浙江图书馆先行一步》,等等。

类型选择是媒体/网络宣传时必须要考虑甚至是主动运作的问题,虽然新闻类报道和新闻评论类报道的宣传效果较好,但图书馆试图让所有的宣传内容都以新闻类或新闻评论类报道方式出现的可能性并不大。所以,应该根据题材去运作,一般性的活动通报采用消息类报道的可能性比较大,一旦有了社会影响比较大、与主流价值观吻合(如关怀弱势群体等)的题材,就应该与媒体做好沟通工作,尽量争取做新闻报道类型的宣传或新闻评论类型的报道,以期求得最大的社会影响。

第五章　公共图书馆宣传推广的社会合作

第一节　社会合作的目的与意义

一、社会合作的目的

越来越多的公共图书馆有意识地寻求与社会各方的合作,相对于"图书馆宣传推广"这个层面,公共图书馆的社会合作是一个更广泛的概念,它意味着合作并不局限于某些方面而是全方位的,由此所带来的获益也是公共图书馆整体意义上的,尽管不同的合作对象、不同的合作方式以及不同的合作事件带给图书馆不同的效益。另一方面,任何合作如果收益仅仅是单方面的,这种合作将很难促成,也难以为继。这就是说,公共图书馆通过与个人、企业和组织的密切合作来建立伙伴关系,这种伙伴关系将提升图书馆开展活动的能力,并为双方同时带来利益。

以宣传推广为目的的社会合作只是图书馆合作中的一个层面。一般来说,在这类合作中,双方的获益通常都与宣传诉求有关。比如,通过合作来探索相互宣传的思路,共同开发宣传材料以增进社会各界对合作双方的了解。由于在宣传推广过程中双方信息的共同显示与强调,使得这种类型的合作起到了双方相互宣传推广的作用。

由于公共图书馆的现实状况,比如不太充裕的资金与人手,故通过社会合作来实施宣传推广,这是一种借力的方式,即借助社会力量来开展公共图书馆希望实施的宣传推广活动,提升公共图书馆宣传推广的品质与力度。具体地说,通过社会合作,要达到如下目的。

（一）拓展宣传推广的途径

在通过社会合作而获得的资源中，"宣传途径"是一个最不可忽视的资源。比如，与媒体合作，从而借助媒体途径去宣传推广图书馆；与学校合作，就可以通过学校途径去向学生宣传推广图书馆；与军营合作，就多了一条向现役军人宣传推广图书馆的途径；与社区合作，就能通过社区去宣传推广图书馆等。

（二）拓展宣传推广的途径

不同的行业和机构，其人才类型是不一样的，尤其是商业性的机构，它们为了商业活动之需往往更重视策划型人才的引进。如果与商业性机构合作来策划图书馆宣传推广或阅读活动等，就能够借助专业策划人员来提升活动策划的品质。

（二）扩大资金来源

商业机构能够提供的活动资金通常比公共图书馆更充裕，而有些政府部门也能够提供专项活动资金。所以，在互惠互利的合作中，可以借助这类机构的资金来开展宣传推广活动，许多图书馆员谓之"借鸡下蛋"。

（四）补充人力资源

随着公共图书馆服务内容的不断拓展，人手不足的现象日趋严重，在图书馆宣传推广的社会合作中，可以通过合作来达到补充人力资源的目的。再由于社会合作有不同的层次，即机构层次和个人层次，因而也就有两种补充人力资源的方式：（1）机构派出人员通过合作项目加入到宣传推广活动中。（2）个人志愿者加入到图书馆宣传推广活动中。

二、社会合作的意义

公共图书馆是一个社会服务性机构，它面向所有人和所有机构提供服务。公共图书馆的开放性不仅仅体现在它的服务"端口"，也体现在它服务的过程中。那么，公共图书馆的开放性也理所当然地体现在为提升服务的知晓度，以及说服所有人利用图书馆的宣传推广环节中。

社会合作的目的是直接而功利的，即为了向所有可能合作的社会机构借力，以提升公共图书馆自身实施宣传推广的能力。如果实现了这一目的,也就是体现了社会合作的意义。我们可以将这一意义分解为三个方面:(1)社会合作体现了公共图书馆在推进其被社会公众所利用、发挥其社会职能过程中的一种积极姿态。在条件不足的状态下,积极寻求社会合作,这是寻求改变的最佳途径——改变公共图书馆被动等待的局面。越来越多的事实证明,"有为才能有位",而这个"为",在条件不具备的情况下,就是去寻找可能的合作来形成条件。(2)社会合作除了为图书馆获取一些进行宣传推广的资源外,这个过程本身也是宣传推广图书馆的过程,每一次合作,就是多一次让参与合作的人走进图书馆,合作的过程更是深入了解图书馆的过程。(3)社会合作有助于让图书馆更深入了解社会需求。合作的过程使图书馆员能够与其他社会机构的人员一起共事,这是充分了解他们的工作性质、工作状态的机会,通过这些了解,有助于帮助图书馆员了解合作者的需求。虽然合作者只是一个小群体,但人们的需求按人群划分,往往是有共性的。

第二节　与社会机构合作操作实务

一、与社会机构合作项目的策划

(一)基本原则

在大多数情况下,社会合作是以项目的形式进行的。同时,社会合作的项目又主要依赖于公共图书馆一方的设计,也就是说,先有了合作项目的设计,才能去说服对方参与合作。所以,合作项目设计的成功与否将直接影响到我们希望合作的对象的合作意愿。设计合作项目时,需要遵循以下两个原则。

1. 双赢原则

双赢原则,即合作必须让双方获益。许多实践者对此都深有体会,任何不能保障双方"利益"的合作必然失败,即使一次合作能勉强进行,长久的合作必不可能。

不能狭隘地理解利益,事实上,对于很多社会机构或个人而言,这个"利益"并非金钱意义上的获益,应该从更广泛的角度去理解。比如,对于与机构的合作,如果合作项目与机构诉求能够契合,或者合作项目让机构完成了某一任务指标,或者合作项目让机构赢得了良好的社会声誉,或者合作项目让机构提升了社会知晓度等。而对于与个人的合作,一般而言,对个人有吸引力的"利益"是该合作方式让个人的能力得到提升,或者合作让个人实现了某种理想,以及合作让个人增加了个人阅历等。

2.资源互补原则

只有公共图书馆在与其他机构合作时才会考虑资源的互补,在与个人的合作中这个问题不重要。资源互补性体现了合作的最主要价值,否则就没有必要合作了。资源互补是公共图书馆在设计合作项目时的一个基本出发点,即能够用自己所具备的什么资源去"交换"所欠缺的。比如,在对方"有利可图"的前提下,以图书馆宣传推广活动的整体策划和实施方案去交换对方资金或人力的支持;或者以图书馆所具有项目开展的场地、经验和人脉去"交换"合作方的资金或其他资源。需要说明的是,这里的交换并非指"拿出去"与"收进来"的对等过程,而是一种建立在相互吸引机制上的共同付出和共同收益,也就是双方的付出不同,收益也不同,即付出是指在合作的过程的付出,收益则是双方从活动过程和结果中共同获得。

(二)合作项目的内容选择

合作项目的内容选择并没有一定之规,一般来说,社会生活的方方面面都可以成为内容选择的对象。由于内容选择要符合双方的利益,所以需要形成一些基本的选择依据。

(1)符合社会的主流价值观的内容。比如倡导健康的生活方式、弘扬传统文化、宣传科普知识、普及法律知识、分享先进的教育理念等。

(2)对大众具有吸引力的内容。比如人们普遍关心、关注、感兴趣的问题,其中,那些长期引起关注的问题尤其值得选择,如爱情与亲情、家庭伦理、烹饪与手工、旅游、历史、收藏等。

(3)当下热点问题。社会热点是不断变换的,形成热点的因素也是多方面的,热点的内容也涵盖生活中的方方面面。2009年电视剧《蜗居》热播,引发了相关的热点话题:婚姻、婚外情、房价、行政腐败等,部分公共图书馆就抓住这些热点话题策划活动,如以女性与情感、家庭与伦理、买房还是租房等为话题举办读者沙龙、话题研讨、名家讲座活动等。

(三)合作项目实施形式的设计

合作项目的最终实现形式还是公共图书馆通常意义上的读者活动,就内容而言,无外乎就是阅读类、益智类、知识普及类、技能类、文娱类等;就形式而言,有讲座、故事会、沙龙、竞赛、表演、户外考察、展览、制作、培训等。

所谓项目的设计,就是对双方"利益"、双方资源、活动内容和活动形式的综合考虑和选择。跟一般的读者活动相比,在主题设计和组织形式的创意上并无二致,重点在双方资源互补和收益"共赢"的设计上。具体的操作可以按照下列步骤进行。

(1)根据合作方的资源来选定活动的内容。如果是研究性机构,因为它们往往拥有智力资源,适合搞讲座及展览类型的活动;如果是政府机构,往往拥有专项经费,可以利用其资金来举办活动,选择余地也比较大,只要符合政府诉求都可,比如关心下一代、关怀弱势群体(如帮助进城务工人员等)、弘扬民族文化等;如果是学校,则适合举办一些有助于推动青少年学习进步、扩展知识、提升技能、激发兴趣的活动。

(2)根据活动的内容策划主题与形式。确定了合作的内容以后,主题与形式策划相当重要,因为公共图书馆不仅需要用一个好的策划案去吸引合作方,还需要用好的主题与活动形式去吸引公众参与。

二、与社会机构合作项目的实施

一般来说,合作项目的实施主要取决于项目内容、组织形式、合作双方的资源状况、活动规模等。常见的合作项目根据时效有两种类型:第一种是固定项目,固定项目是指在一个相对长的时期内持续进行的合作项目,而持续的时间也根据合作双方的意愿、资源和公众的参与热度等因素来确定。持续时间长且公众参与热度高的项目往往就栏目化、品牌化了,而栏目化、品牌化的合作项目,双方的收益也达到最大化。第二种是单个项目,单个项目是指一次性的合作项目,这类项目占据图书馆与其他机构合作项目的主要部分。一次性合作项目操作起来较为简单,跟不同的对象、以不同的项目合作,形成了内容丰富、主题精彩、形式多变的读者活动。

如果按照双方资源互补的情形来划分,合作项目有下列实施方式:(1)共同实施,即合作双方共同策划活动方案,分担活动所耗费的人力资源与物质资源,共同组织活动的进行。采用共同实施方式的合作项目,通常会基于两种情况:一是大型活动,耗费的资源比较大,往往以一家之力难以完成;二是合作的双方或多方属于平行机构,且有着共同的诉求。(2)以图书馆为主,合作方提供资源。图书馆在找到与某个机构共同的诉求后,形成有吸引力的活动方案,然后寻求该机构的合作,即该活动实施的时候双方共同署名。这种情况下,合作方往往只提供它所拥有的资源,而活动完全由图书馆一方来实施。这里所说的资源是指除资金以外的其他资源,包括场地、设施、社会关系等。(3)以图书馆为主,合作方提供经费赞助。这类合作属于最简单的合作方式,即图书馆策划活动方案,合作方赞助经费,双方共同署名。简单地说,合作方以经费换取共同署名权,甚至也可以是该项活动的冠名权。

案例一:许多图书馆的宣传推广活动需要筹备一些小礼品以答谢参与的市民,或者准备小礼品奖励竞赛类活动的优胜者,常常有机构愿意以共同署名为交换条件提供礼品或奖品制作的经费。

案例二:某公共图书馆举办青少年动漫设计大奖赛,某赞助企业获得冠名权,即"××杯动漫设计大奖赛"。

三、合作对象的选择

(一)选择依据

公共图书馆以促进宣传推广为目的而寻求社会合作的对象是广泛的,几乎各行各业、任何机构、所有的个人都可以成为合作的对象,区别仅在于合作的难易程度和合作对双方的吸引力。

公共图书馆在选择合作机构时可以依据以下几点。

(1)与公共图书馆具有某种相似属性的机构比较容易合作,比如,具有服务属性的机构,尽管不同的机构其服务的人群不一样:有的是一个特定的人群,如学校、医院等,有些则是面向社会大众的,如媒体、社区服务机构等。

(2)虽然不属于服务性的机构,但与公共图书馆一样,是一个人群集中的地方,如企业、军营等。这些机构为了改善它所聚集的人群的生活品质,往往也希望为人们提供一些能满足精神生活所需的环境与条件,这样的机构也比较容易与公共图书馆合作。

(3)与公共图书馆的社会使命有重叠的机构,比如都承担了促进社会阅读、促进个人学习与进步、促进更健康的生活方式的社会使命。这类机构包括政府和其他社会机构,如服务于社会的文化、教育事务的政府部门,以及服务于特定人群的政府部门,此外还有媒体、学校等。

(4)一些非营利组织,它们热衷于社会的公益活动,往往愿意与公共图书馆这样的官办公益机构合作。公共图书馆举办的教育类、阅读类、益智类活动很容易契合它们的机构宗旨,这是吸引它们合作举办活动的最大动因。值得一提的是,中国没有民间非营利组织,通常非营利组织在注册时都需要挂靠一个政府部门,属于半官方性质的机构,但这不影响公共图书馆与它们的合作。

(二)常见合作的机构

成功的合作项目设计建立在对合作对象的寻求和了解的基础之上。合作方的寻求有两种方式:(1)根据公共图书馆希望组织的活动来寻求合作方。比如,打算组织一个社会影响广泛的科普推广活动,那就去寻找具有此类任务诉求的机构,如科协、教育研究机构、大学、科研机构、政府的科研管理部门等;打算举办全民阅读活动,可以考虑与媒体合作,等等。(2)根据社会机构的资源及任务或社会使命来选择合作对象,然后在达成初步合作意愿的基础上再来策划活动。这意味着,有一些社会机构应该是公共图书馆长期的合作伙伴。

1.媒体

当媒体成为公共图书馆的合作伙伴时,这不同于通常图书馆在媒体上做宣传,而是图书馆与媒体合作开展宣传推广活动。把媒体作为可以长期且经常合作的伙伴,是因为媒体在推广全民阅读、倡导主流价值观、传播科学知识、传播文化等方面的社会使命与公共图书馆的社会使命相契合,且媒体在资金、宣传平台、活动策划的能力方面具有一定的优势,而图书馆所拥有的读者、场地、策划和组织活动的经验等正好与媒体形成优势互补。图书馆与媒体的合作是多种形式的,比如书评大赛、读者沙龙、地方文化鉴赏或搜寻、公益讲座等。

2. 学校

支持正规教育是公共图书馆的社会使命之一,这也是促使公共图书馆与学校合作的最大动力。此外,在青少年的成长期,图书馆通过与学校合作,能更好地培养学生的图书馆意识和利用能力,培养阅读习惯,使其成为公共图书馆的忠实用户。

从学校的角度来看,借助公共图书馆的平台促进学生阅读,开展信息素养教育和知识扩展教育等不失为一种颇有吸引力的选择。由于学校不是经营性单位,大都经费不足,所以,学校作为公共图书馆的合作伙伴,其资源优势并不体现在经费方面而体现在其他方面,比如有经验的教师、学生群体——他们原本也是公共图书馆宣传推广的重要对象。此外,还有学校与公共图书馆在社会教育职能上的契合等,这些原因使得学校必然成为公共图书馆最重要的合作对象。

在深圳南山区图书馆举办面向高中生的"说说我的心里话"征文及演讲比赛中,图书馆与学校的合作就很能说明这种相互依赖的关系。由于该活动使学校产生了较大的兴趣,学校方面表现出积极的参与态度。征文开始以后,由学校的语文老师对意欲参赛的学生进行辅导,在收到的征文中遴选演讲比赛的选手,这意味着初选工作在学校范围内就被老师们承担了,在决赛阶段,图书馆负责组织工作,而学校的语文教师成为评委的核心成员,这一合作模式保证了演讲比赛在一个较高水准下进行,产生较大的社会影响。

在美国,学校与公共图书馆同样是长期和亲密的合作伙伴。二者之间的合作,无论是形式还是内容都是丰富多彩的。美国图书馆协会(ALA)专门设置一个分支机构——美国图书馆未成年人服务协会(Association for Library Service to Children,

ALSC)来为公共图书馆与学校的合作提供支持。在 ALSC 网站上,聚集了各种合作项目信息,可供各地公共图书馆在考虑与设计合作项目时参考,比如作业报警项目、阅读讨论小组项目、社区阅读项目、图书快送项目、公共图书馆访问学校项目、学校访问公共图书馆项目、暑期阅读计划项目、学生辅导计划等。

3. 出版发行机构

作为出版物的经营企业,促进社会阅读是出版发行机构的经营诉求之一,这一点与公共图书馆的社会使命相一致,因而奠定了出版发行机构成为公共图书馆经常性合作伙伴的基础。

一说到图书馆与出版发行机构的合作,最容易想到的是联合举办全民阅读活动,这的确是最常见的合作方式。由于这类大型活动耗费资源比较多,公共图书馆除了向政府申请一定的专项经费之外,跟出版发行机构合作也不失为一种较好的扩大资源的途径。出版发行机构拥有较为充足的经费、较强的策划能力,以及丰富的作家和文化名人的人脉资源等,可以联合举办高质量的大型活动。

近几年,一些公共图书馆还在寻求与出版发行机构其他形式的合作,比如共同做新书的推广。广东佛山禅城区图书馆在馆内设置一个"新书专区",由出版发行机构提供新书,读者可以借阅,而一旦有读者借阅,图书馆在控制复本量的前提下将其购买下来,"零加工"地允许读者登记外借,待读者还回再行加工上架。

4. 政府或半官方性质的社会团体

(1)共青团组织。共青团作为青年组织,它的使命之一就是在青年群体中倡导一种健康向上的人生哲学,鼓励阅读与继续教育,这恰好与公共图书馆的社会使命相吻合。

(2)"关工委"。"关工委"的全称是"关心下一代工作委员会",是各级政府下设的一个专门性机构,其职能是推动关心下一代事业的发展,促进青少年、儿童的健康成长。由于儿童和青少年时期是学习新知、培养阅读习惯最重要的阶段,因此,向儿童和青少年推广阅读活动,促进身心健康发展是"关工委"重要的工作任务,这也成为"关工委"与公共图书馆合作的最大理由。

(3)残联。残联,作为一个以弘扬人道主义思想,促进残疾人平等、充分参与社会生活,共享社会物质文化成果的民间团体,必然与公共图书馆有着天然的联系,因为世界上所有的公共图书馆都把为残疾人服务作为自己的一项重要的社会任务来对待。在促进阅读、维护残疾人获取信息的权利方面,公共图书馆可以与残联合作开展各种活动。

值得注意的是,如果说公共图书馆寻求社会合作的最大动机是为了利用社会资源来提升图书馆宣传推广活动的质量、规模与影响力,那么,与社会团体的合作,在某些情况下,有可能社会影响大于一些实际"利益"的收益,即公共图书馆可能得不到物质或经费上的支持。但这些社会团体所肩负的社会使命往往是援助社会的弱势群体或特殊群体,它们或许资金或物质资源并不丰富,但它们的社会影响力也是一种"资源",这种"影响力资源"有助于扩大公共图书馆的社会影响力。

第三节　社会人力资源的运用

所谓社会人力资源的运用,就是指公共图书馆与个人的合作。跟与机构合作不一样,在与个人的合作中,图书馆能够获得的资源主要限于"人"本身,而每一个个体的人,他对于图书馆所能够提供的支持包括知识、经验、智慧、体力等,这些被统称为"人力资源"。

一、图书馆利用社会人力资源的类型

这里所说的人力资源仅局限于公共图书馆可能利用的社会人力资源,指以非固定的、非劳动聘用关系的、以满足特定需要为目的的方式参与图书馆服务活动的人力资源。

必须说明的是,社会人力资源参与公共图书馆服务,一方面是补充了公共图书馆人力的不足,另一方面也起到了宣传推广图书馆的作用。为什么这么说呢? 因为许多专门人才加盟图书馆服务后,形成了具有专门性和特殊性的服务"产品"和活动,这些产品与活动提升了公共图书馆的影响力和吸引力,具有宣传推广图书馆的功能。

(一)按社会人力资源的引入机制来划分

按社会人力资源的引入机制,可将人力资源分为志愿型和非志愿型人力资源。

1. 志愿型人力资源

志愿型人力资源指社会公民以志愿者的身份加入到公共图书馆的服务岗位上,不取任何报酬地为读者服务而形成的人力资源,通常人们称之为志愿者。

什么是志愿者?联合国的定义(1999)是:个人不以牟利、金钱和扬名为目的,为其近邻乃至全社会而做出贡献者。我国志愿者协会的定义是:不为物质报酬,基于良知、信念和责任,志愿为社会和他人提供服务和帮助的人。在我国香港地区,志愿者被称为"义工";在我国台湾地区,志愿者被称为"志工"。一般把志愿者提供的服务称作"志愿服务",即任何人志愿贡献个人的时间及精力,在不为任何物质报酬的情况下,为改善社会服务,促进社会进步而提供的工作或服务。这个定义与香港义务工作发展局对"义务工作"的定义几乎一致,可见各地对志愿者及其服务的认识是一致的。

志愿者及志愿服务起源于 19 世纪,20 世纪开始盛行,尤其是当世界处于特殊状态的时候,志愿者就越是活跃。以美国为例,20 世纪的经济大萧条时期,启动了全国性的志愿者行动,为有特殊需要的人提供服务;第二次世界大战期间,数以千计的志愿者组织为军队和后方提供服务,包括募集物资、接待修养的士兵、照顾伤员等。第二次世界大战结束以后,西方国家的志愿服务不仅进一步规范化,而且扩大为一种由政府或私人社团所举办的广泛性的社会服务工作。志愿服务工作的重心不仅在于调整被救助者的社会关系和改善他们的社会生活,更在于调整整个社会结构与社会关系。现在,志愿者及其服务已经成为一种世界范围内的普遍现象,且步入制度化、专业化的轨道。1970 年,联合国大会通过决议,组建联合国志愿人员(UNV)组织,管理与国际志愿者事业相关的各类事务。1985 年 12 月 17 日,联合国大会通过 40/212 号决议,确定每年 12 月 5 日作为国际志愿者日,其目的是为了在世界范围内弘扬志愿精神,宣扬志愿者在社会和经济发展中的作用。

公共图书馆引入志愿者,对图书馆、志愿者个人以及服务对象都具有积极的意义。对公共图书馆而言,为愿意奉献社会的个人提供了一个传递爱心、传递文明的平台,同时也借此补充了人力;对于志愿者个人而言,一方面奉献了社会,另一方面丰富了他们的社会生活体验,锻炼了人际交往的能力,学到了与人沟通的技能,丰富了处事的经验,为他们适应新环境、找到新工作奠定了基础;对服务对象而言,通过志愿者的服务获得了帮助,能够增强他们对公共图书馆的认同感。

从公共图书馆的宣传推广的角度来看,志愿者加入到公共图书馆服务的行列中,首先会促使他们对公共图书馆存在的价值及其社会使命产生认同感;其次,经由他们的言行,教育和感染他们接触的每一个人,使更多的人对公共图书馆产生新的了解,从而带动更多的人走进图书馆。所以,志愿者不仅是公共图书馆服务人力的补充,也是宣传推广的有效方式。

2. 非志愿型人力资源

非志愿型人力资源指以获取报酬为条件,按照公共图书馆的要求而参与到公共图书馆的服务工作中,为读者提供一些特殊的服务而形成的人力资源。

当公共图书馆希望提供一些高质量的服务时,如专题讲座、咨询、读者沙龙、培训等,往往受到现有人力资源不足或专业水平、专业技能不够的困扰。在这种情况下,就应该充分利用社会人力资源来扩充自己的服务能力。

由于志愿者服务的一个基本宗旨是志愿与无偿,所以不能要求所有的人都以志愿服务的方式加入到公共图书馆服务中来。实际上,许多有专长的人,他们的知识、技能与经验是需要获得相应的价值体现的,通过支付报酬的方式去争取他们的参与是一种不可或缺的途径。比如,邀请各种学科背景的专家举办公益讲座,邀请各个学科领域的专家进行现场咨询,邀请相关知识背景的专业人士做公益性培训,等等。

(二)按图书馆的需求与目的来划分

公共图书馆对社会人力资源的需求是多方面的,引入的目的由开展活动的类型而决定,具体有以下几类。

1. 专家

这里所指的专家是一个较为宽泛的概念,即指一些具有专门知识、技能与经验的个人。他们因公共图书馆在服务于公众时的特定需要而被邀请到图书馆的服务中,以他们的知识、技能或经验为用户提供专门化的服务。比如,一些具备专门知识背景、有一定学术造诣和学术影响力的专家,经常性地受到公共图书馆的邀请来做公益性讲座,向社会公众讲授一些专门的知识,是公共图书馆为社会公众提供的高质量的精神"产品"。再如,一些具备专门知识背景、技能与经验的人士,被公共图书馆邀请来开展咨询服务,如法律咨询、教育咨询、理财咨询、健康咨询、心理咨询、情感咨询等,也是公共图书馆为用户提供的高质量服务"产品"。此外,一些具有某些专门技能的人,受到公共图书馆的邀请,来举办一些专门培训课程,满足部分用户的需求,如写作技能培训、摄影书画技能培训等。

2. 一般服务者

一般服务者通常指那些在知识、技能或经验方面并不特别突出的人,这并非说他们不具备一定的知识或技能等,而是没有超出普通人的状态,他们在参与图书馆活动时,并非不依赖其个人的知识、技能与经验,但没有达到专家的水准。比如为少儿读者讲故事,帮助不会查找资料的用户查找资料,参与一些能够胜任的图书馆管理工作,等等。

一般服务者因为对专业技能没有特殊要求,故选择范围比较大,像大学生、高中生、老年人、家庭主妇等,一些有一定专业技能但未达到专家级别的人,也常常参与到一般志愿服务者行列,如教师、医生等。

二、人力资源的管理

首先,这里的人力资源管理并非一般意义上的人力资源管理,而是针对参与图书馆服务和活动的这部分社会人力资源的管理;其次,通过人力资源管理,其目的是对参与图书馆服务工作的社会人力资源进行计划、组织、调配和评价等,使其充分发挥作用并助力图书馆实现既定的读者活动目标。

(一)非志愿型人员的选择与邀请

由于非志愿型人员与公共图书馆的合作通常是按照活动项目进行的,即活动开始到场,活动结束离场,因此,对这类人员的管理比较简单,仅仅是选择与邀请的问题,不要求其他程序上的管理。

非志愿型人员的选择有以下两种方式。

1.由人选决定项目

由人选决定项目,即根据人选来组织读者活动项目。这种情况下,"人选"主要是针对社会知名人士,如知名专家、知名作家、明星等,希望借助他们的名气与号召力来吸引公众参与图书馆活动,因此,这种方式属于"看菜下饭",即先确定了人选,再来设计和组织活动。如果是常规形式的活动,就是由人选来确定主题。比如,请著名专家来举办讲座,需要策划的是讲座的主题,甚至主题也只能按照专家愿意讲的内容来确定。

2.由项目决定人选

由项目决定人选,即图书馆先计划和设计了活动的主题与形式,再寻找和邀请合适的人选来"唱主角"。这种方式,意味着对"主角"的知名度要求不高,重点是"主角"对图书馆所策划的活动是否适合。比如,图书馆策划了一个家庭理财咨询现场会,不一定邀请知名度高的财经方面的专家,只要是具备专业知识与经验、善于与人沟通的专业人员即可满足要求。

一旦确定了人选,接下来就是邀请了。对于非志愿型人员的邀请,基本上是按照市场化的运作,即在支付报酬的前提下双方达成合作的约定。报酬的高低与拟邀请人员的知名度成正比,即知名度越高,报酬也越高。

(二)志愿者的管理

志愿者的管理相对复杂,原因在于志愿者与公共图书馆的合作形式较为多样化。

1.志愿者的类型

公共图书馆志愿者有两种类型:日常型志愿者和项目型志愿者。日常型志愿者参与图书馆的一些常规工作和活动,如阅览室管理、阅读辅导、给未成年读者讲故事、辅导青少年文艺表演类活动等;项目型志愿者仅仅参与图书馆活动项目,一般是提供知识与技术上的支持,他们的志愿服务集中在项目开展的期间,项目结束后,志愿服务也随之完成。

2.志愿者的招募

公共图书馆招募志愿者并不困难,图书馆的"书香"与人文特质使它很容易产生吸引力。尽管如此,在发布招募信息时,写一份有感染力的招募书仍然很重要,因为,对于那些还不确定自己是否愿意做志愿者的人或者是否选择到图书馆来做志愿者的人,需要招募书去说服或打动他们。

一份好的招募书应该做到:倡导志愿者精神,宣扬公共图书馆促进知识与信息获取的社会使命,介绍公共图书馆需要志愿者的岗位或活动,等等。

3.志愿者的管理

(1)培训。专家型志愿者无需培训,因而培训只针对普通志愿者,尤其是在图书馆日常服务岗位服务的志愿者。前面说过,志愿者对公共图书馆的宣传推广有作用,那么,对志愿者的培训本身也包含了这一因素。在培训中让志愿者充分了解公共图书馆的社会使命,了解公共图书馆的服务内容,了解各种读者活动的价值和意义,这本身就是向即将作为志愿者的这部分人进行宣传推广的过程。再者,经由他们,把有关公共图书馆的信息传递出去,起到更大范围宣传推广的作用。当然,除了上述内容的培训,还应包含对具体服务岗位相关知识、技能及安全事项的培训。

(2)激励。凡是做志愿者的,都不求金钱或物质的回报,但这不等于他们不需要激励。激励,首先是精神上的,分为内在激励与外在激励。内在激励来自于他们从事的志愿服务本身,比如志愿服务能够带给他们满足感和成就感,使他们觉得自己对别人是有用的;志愿服务具有培养性,能够使志愿者感受到进步与成长。外在激励则是一种精神上的嘉奖,比如评选优秀志愿者、反馈服务对象的赞语、累积积分、颁发志愿者证书等。其次,激励也要有物质上的,适当的物质激励有助于提高志愿者的积极性,比如提供交通费、工作餐、纪念品、奖券等。

(3)考核。对志愿者的考核包括工作态度和技能两个方面。在实际操作的时候,准确而全面的评估往往做不到,可以抓住一些主要的方面进行考核。考核有定量和定性两种方式,定量考核其实也仅仅是一些简单的量化数据,如考勤情况、被用户表扬或被投诉的次数等。定性考核主要是针对工作态度、工作技能等进行定性评估。实际上,对志愿者的考核无法像对正式员工考核那样全面而严格地进行,甚至也没有这样做的必要性,因为对志愿者考核的目的是激励而非制约。一些公共图书馆采用评优的方式变相进行考核,用这种正向激励的方式,其激励效果往往更好。

参考文献

［1］ 李东来,宛玲.公共图书馆信息技术应用［M］.北京:北京师范大学出版社,2013.

［2］ 李超平.公共图书馆宣传推广与阅读促进［M］.北京:北京师范大学出版社,2013.

［3］ 徐晓军.公共图书馆业务工作的思考［M］.北京:北京图书馆出版社,2007.

［4］ 陈昊琳.公共图书馆战略制定影响因素研究［M］.长春:吉林人民出版社,2012.

［5］ 杨玉麟,屈义华.公共图书馆资源建设与服务［M］.北京:北京师范大学出版社,2013.

［6］ 张广钦.公共图书馆作为社会教育中心:公共图书馆服务与社会教育国际研讨会(ITIE2012)论文集［M］.上海:上海人民出版社,2012.

［7］ 张彦博.公共文化服务的创新与跨越:全国文化信息资源共享工程建设研究论文集［D］.北京:国家图书馆出版社,2010.

［8］ 浙江省图书馆学会编.公共文化服务与图书馆实践的创新:浙江省图书馆学会第十次学术研讨会论文集［C］.杭州:杭州出版社,2006.

［9］ 付跃安.构筑阅读天堂:图书馆服务设计探索［M］.广州:暨南大学出版社,2010.

［10］ 关懿娴.关懿娴旧稿旧文集:图书馆学［M］.北京:国家图书馆出版社,2010.

［11］ 杨新涯,彭晓东.馆人合一:图书馆2.0创新与实践［M］.北京:知识产权出版社,2010.

［12］ 吴建中.国际图书馆建筑大观［M］.上海:上海科学技术文献出版社,1999.

［13］ 张炜.国家数字图书馆服务框架研究［M］.北京:国家图书馆出版社,2012.

［14］ 徐周亚,龙伟.国家图书馆数字资源对象管理规范［M］.北京:国家图书馆出

版社,2013.

[15]　《图书情报工作》杂志社.国民阅读推广与图书馆[M].北京:海洋出版
社,2011.

[16]　张广钦.国外公共图书馆建设标准与规范概览[M].北京:国家图书馆出版
社,2009.

[17]　符绍宏,邓瑞丰,高冉.互联网信息资源检索与利用[M].北京:清华大学出
版社,2012.

[18]　朱凤娟,郭青阳,娄长春.基于Web 2.0的图书馆信息服务创新研究[M].北
京:九州出版社,2013.

[19]　潘燕桃.近60年来中国公共图书馆思想研究(1949—2009)[M].广州:中
山大学出版社,2011.

[20]　罗斯·道森(RossDawson).开发基于知识的客户关系:职业服务机构的未
来[M].祁延莉,董小英,译.北京:电子工业出版社,2002.

[21]　刘净净.面向泛在信息社会的数字馆藏管理与利用[M].北京:国家图书馆
出版社,2013.

[22]　马海群.面向数字图书馆的著作权制度创新[M].北京:知识产权出版
社,2011.

[23]　陈克杰.浦东图书馆(新馆)建设[M].上海:上海人民出版社,2010.

[24]　张伟.浦东图书馆内涵发展案例集[M].上海:华东师范大学出版社,2013.

[25]　李晓新.普遍·均等:中国公共图书馆的百年追求[M].天津:南开大学出版
社,2007.